미국에서
컵밥
파는 남자

날라리 문제아가 길 위에서 일으킨 기적

미국에서
컵밥
파는 남자

송정훈·컵밥 크루 지음

다산
북스

성공보다 많은 실패 덕에
길을 찾을 수 있었다

나는 수학 점수를 3점 받아본 적도 있다. 고등학생 때 밤새도록 춤을 추고 학교에 가면 점심시간까지 책상에 엎드려 잠만 잤던 난 춤과 친구에 빠져 부모님 속을 참 많이도 썩였다.

사람들은 돈이 너무 많이 들어서 유학을 못 보낸다는데, 한 달에 10만 원 생활비가 소비의 전부일 정도로 검소하신 부모님의 노력과 희생 덕에 20대 때 미국으로 떠났다. 더 넓은 세상을 경험하며 보다 훌륭한 사람이 되겠다는 포부를 가지고 간 것도 아니었다. 내 성적에 내가 다니던 대학으로 한국에 남기보단 미국이 낫겠다는 막연한 기대감을 안고 6개월 왕복 비행기 티켓을 쥐고 훌쩍 간 미국이었다.

미국에서 유학생인 아내를 만나 결혼했을 때도 난 여전히 가난한

학생이었고, 전문대도 졸업 못해 아등바등하던 남편이었다. 결혼 후에도 내 삶은 정확한 방향 없이 흘러갔다. 한 아이의 아빠가 되면서 적성에도 안 맞는 안정적인 치기공 기술자가 되어 잘 순응하는 듯했지만 꾸역꾸역 3년을 버티다 결국 치기공소를 그만두었다.

반항적인 기질에도 불구하고 난 고등학교를 졸업하고 대학교에 진학하고 직장에 다니며 현실에 안주한 채 하루하루를 살았다. 내가 진짜 원하는 삶의 목표가 무엇인지도 모른 채로 말이다. 어른이 되고 가장이 되고 아빠가 되면서 내게 맞지 않은 옷이어도 삶에 순응하는 방식이 원래 그런 것이려니 하며 지냈다.

처음에 컵밥은 큰 목표 의식과 도덕성을 가지고 시작한 사업은 아니었다. 컨셉 잘 잡아 재밌게 팔아보기 위해 독특한 방식들을 시도했는데 사람들은 웃음과 에너지를 얻는다고 했다. 생소한 음식과 문화를 친근하게 전하려 했고 고객들의 좋은 반응 덕에 시간이 지남에 따라 단순한 음식장사가 아닌 한국인으로써 보다 더 나은 걸 해낼 수 있을 것 같다는 용기까지 커졌다.

꿈보단 현실만을 좇아 살던 나는 컵밥을 통해 '진정한 꿈을 갖는 법'을 배웠다. 컵밥을 창업하고 운영하면서 내가 진정으로 원하는 삶은 어떤 것인지, 옳은 방법은 무엇인지 내 나름의 답을 내릴 수 있었다. 나 혼자 잘 먹고 잘 사는 삶보다는 더 보람된 일을 하고 싶다는 소망을 가지게 되었다.

우리 집에서 홈스테이를 하던 성하라는 고등학생이 있었다. 아내가 공부 좀 하라며 성하에게 잔소리를 했더니 아이가 아내의 눈을 똑바로 쳐다보곤 씨익 웃더니 이렇게 말했다. "인생은 공부가 다가 아니에요. 형을 보세요!" 그 대답에 말문이 막힌 아내는 자기도 모르게 "그건 니 말이 맞네."라고 대답했다.

세상은 젊은이들에게 공부를 먼저 열심히 해야 한다고 가르친다. 정말 그럴까? 인생에는 공부보다 훨씬 중요한 가치들이 있다. 공부를 못해서 글러먹었다고 눈총만 받던 어릴 적 내 겉모습보다 자신감과 올바른 정신을 건강하게 지키며 자란 내 마음이 훨씬 큰 가치가 있다고 난 확신한다. 그리고 이 확신을 다른 사람들에게 당당히 이야기할 수 있는 건 남들이 기피하는 바닥에서도 반드시 무언가 배울 수 있다는 마음으로 부끄럽지 않게 열심히 살았기 때문이다.

세상의 눈으로만 보면 난 분명 꼴등이었다. 하지만 그 모습은 내 인생 전체에서 그저 웃긴 추억이 될 수 있는 한 조각일 뿐이다. 한 가지를 꼴등했다고 해서 절대 다른 데서도 꼴등하지 않는다. 이런 자신감은 어려서부터 지켜온 나에 대한 가치관이다. 그래서 난 성공한 사람들이 꼭 대단해 보이지 않는다. 남에게 거짓말 안 하고 자신의 삶에 열정을 가지고 성실하게 사는 사람들이 모두 대단하다.

푸드트럭 한 대로 시작해서 지금까지 온 우리를 보고 사람들은 성공만 이룬 것처럼 생각한다. 하지만 우리는 지난 5년 동안 성공한 것보다 실패한 것이 더 많다. 그 과정 속에 잃었던 것들이 아깝지 않은 이유는 실패들을 통해 찾은 답들로 우리가 나아가야 하는 방향을 보다 정확히 알았기 때문이다. 어느덧 내 나이 마흔이 되었지만 지금 내 마음은 어느 때보다도 안정됐다. 이젠 보다 더 잘 달릴 준비가 되어 있다.

처음 컵밥을 시작했을 때 우리에게는 감당할 수 있는 만큼의 빚이 있었고, 겨우 장사할 수 있는 만큼만의 능력이 있었다. 부족한 상황에서 당장 눈앞에서부터 수많은 벽이 있었지만 이겨낼 수 있다는 긍정적이고 강한 의지로 땀을 흘리며 꾸준히 도전했다. 난 똑똑하진 못해도 임기응변엔 강하니까. 그리고 그 덕에 얻은 값진 경험과 감동, 그리고 친구들이야말로 끝없는 동기부여가 된다.

나는 컵밥의 모든 사람이 자랑스럽다. 어려운 길을 회피하지 않고 당당하게 부딪치면서 만들어낸 빛이 있기 때문이다. 그 빛이 이 글을 읽는 누군가에게도 닿길 간절히 소망한다. 꼴등에서부터 시작된 나의 인생 이야기가 단 한 명에게라도 선한 영향을 미칠 수 있다면 이 책은 성공한 셈이다. 삶은 갖춰진 자가 아닌 땀 흘리는 자에게 더 많은 것을 준다는 정직한 믿음을 꼭 말해주고 싶다.

대표 송정훈

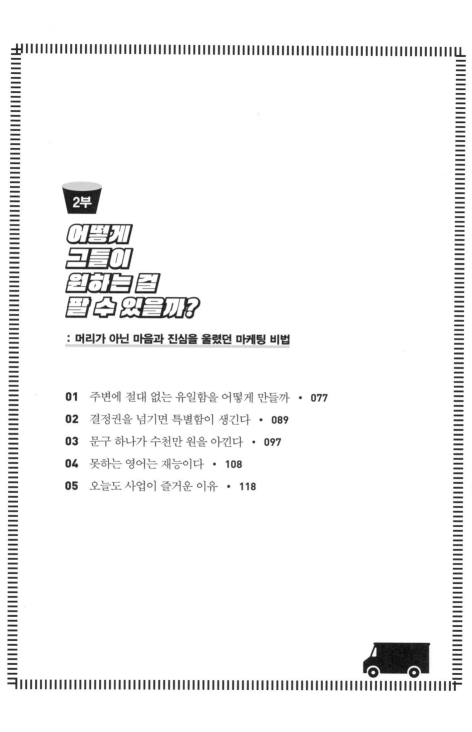

2부

어떻게
그들이
원하는 걸
팔 수 있을까?

: 머리가 아닌 마음과 진심을 울렸던 마케팅 비법

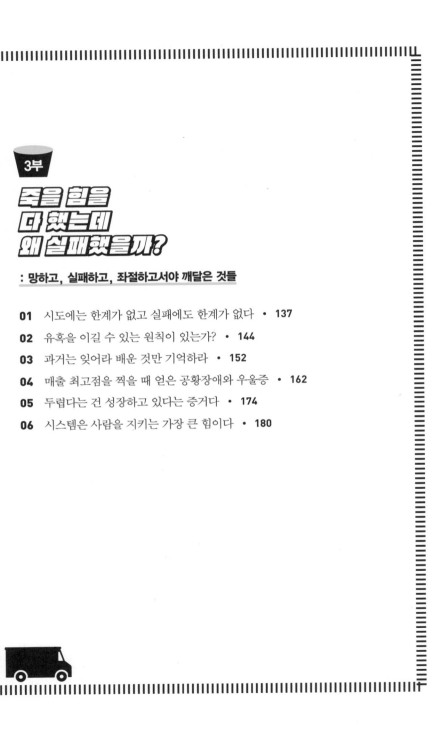

3부

죽을 힘을 다 했는데 왜 실패했을까?

: 망하고, 실패하고, 좌절하고서야 깨달은 것들

4부

어떻게 쉽게
사라지지 않는
사업을
할 수 있을까?

: 트럭에서 매장 오픈, 인도네시아 진출까지 소신있는 확장의 비밀

1부

어떻게 입맛도 마음도 사로잡는 사업을 할 수 있을까?

: 영어도 잘 못하는 서른 중반 가장의
몸으로 부딪친 사업 공부

01

아무것도 없어서 더 당당할 수 있었다

나도 평범한 가장이고 싶었다, 하지만

"혼자 가면 힘 빠지잖아."

저녁도 못 먹고 나가는 나를 붙잡으며 아내가 말했다. 매일 아침부터 저녁까지 유타 주 솔트레이크시티 시내 식당을 돌며 쿠폰 제휴 영업을 다니던 때였다. 밤에라도 나가려 할 때면 아내는 적적하다며 운전기사를 자청하곤 했다.

셋째를 임신한 아내와 나, 그리고 놀러나가는 줄 알고 들뜬 아이 둘까지 우리 다섯 식구를 태운 차는 불이 켜진 식당들을 전전했다. 밤 10시가 다되어 갈 무렵, 저 멀리 반짝이는 중국식당 하나를 발견했다.

"오늘은 마지막으로 여기만 갔다가 가자."

당시 나는 치기공소를 그만두고 고릴라 VIP라는 사업을 하고 있었다. 식당들을 설득해 우리 회사 회원으로 받아 좋은 조건으로 제휴를 맺은 다음 할인카드를 고객들에게 파는 일이었다. 난생 처음 혼자 시작하는 사업인데다 결혼을 하고 아이들까지 있었던 터라 부담이 컸다. 영업이라면 꽤 잘할 수 있다는 자부심이 있던 나였지만 맨손으로 시작하는 두려움을 떨쳐내기는 힘들었다.

식당 주인들을 설득하는 일은 쉽지 않아서 한 번 들어갔다 하면 두세 시간도 훌쩍 넘게 걸리곤 했다. 밤이 늦어 아이들은 이미 곯아떨어졌는데도 아내는 싫은 기색 하나 없이 차를 멈추더니 잘 다녀오라며 나를 들여보냈다.

텅 빈 주차장에 아이 둘과 임신한 아내를 두고 식당에 들어갔다. 마감시간이어서 그런지 한적했지만 식당 사장인 듯한 여주인은 마무리 정리를 하느라 여전히 바빠 보였다.

내 소개를 듣더니 곁눈질로 한번 쓱 쳐다보고는 저기서 기다리라며 테이블 하나를 가리켰다. 가리킨 곳에서 여주인을 기다리는데 손님들이 테이블에 남겨둔 빈 그릇들이 눈에 들어왔다. 난 주섬주섬 테이블에 놓인 그릇들을 치우기 시작했다. 여주인은 그런 나를 흘깃 보더니 이내 다가와 첫마디를 툭 던진다.

"도대체 이 시간까지 뭐하고 다니는 거요? 밥은 먹었고요?"

고개를 절레절레 흔들었더니 내게 밥을 먹고 가라며 권했다. 그 시간까지 열심히 하는 모습이 대견했을까, 아니면 절박해 보였을까? 차에 아내와 아이를 두고 차마 밥을 먹을 수는 없어서 물 한 잔만 받아먹고는 그릇이며 의자며 마저 정리를 했다.

영업과 내 인생 이야기가 뒤섞인 대화를 여주인과 나누다 보니 한 시간이 훌쩍 넘었다. 나의 진심이 통했는지, 주인의 약한 마음이 동했는지 다행히 여주인은 계약을 하겠노라 승인했다.

계약서를 손에 쥐고 아내와 아이들이 있는 차로 돌아오는데, 계약을 성사시켰다는 기쁨은 간데없고 밀려오는 서글픔이 더 컸다. 금방이라도 울 것 같은 표정으로 돌아온 나를 따뜻하게 맞아주는 아내 얼굴을 보니 눈물을 참을 수가 없었다. 나와 아내는 서로가 안쓰럽고, 기특하고, 고마워서 텅 빈 주차장에서 한참을 울었다.

'이 어린 아이들을 데리고 내가 지금 뭘 하는 걸까?'

'지금이라도 원래 하던 일로 돌아갈까?'

하루에도 몇 번씩 떠오르는 생각들을 잠재우기 힘들었다.

나도 처음엔 평범한 가장이고 싶었다. 할 수 있는 한 벌어서 사랑하는 식구들과 남부럽지 않게 살고 싶었다. 그러기 위해 안정적인 직업을 택해 일해보기도 했지만 그때마다 "내가 잘 살고 있는 걸까?"라는 질문이 끊이지 않았다. 서른을 훌쩍 넘기고 나서야 나는 내가 정말 원하는 것이 무엇인지 내 스스로에게 묻고 답을 찾기 시작했다.

인생의 특별한 변화 같은 건
바라지도 않았다

"6개월 있어 보고, 안 되면 그냥 오면 되지."

처음 미국으로 향할 때 난 커다란 다짐이나 반드시 이루고 싶은 목표 같은 게 없었다. 20대 중반에 어학연수차 미국으로 향하던 내 손에는 6개월 뒤에 다시 한국으로 돌아갈 수 있는 왕복 비행기 티켓이 들려 있었다. 너무 부담 갖지 말고, 일단 해보고 안 되면 다시 돌아오면 된다는 편한 마음이었다.

그런 내가 이곳에서 결혼을 하고 다섯 아이를 두고 사업을 하고 있다. 한때 한 달에 5만 원을 겨우 벌던 때도 있었고 일주일 내내 수입 한 푼 없던 때도 있었다. 다른 집 아이가 전동칫솔을 사용하는 걸 부러움 가득한 시선으로 보는 내 아이를 보면서 "돈 벌어서 전동칫솔 꼭 사주겠다"고 다짐하던 때도 있었다.

사업을 시작했을 때, 나는 인생의 특별한 것을 만들어 보려고 시작한 게 아니다. 커다란 포부 같은 게 있었던 것도 아니다. 하나라도 더 팔아서 한 푼이라도 더 벌고 싶었다.

"일단 하자. 단, 무모하지는 않게."

이 마음은 지금도 여전하다. 지금도 나는 무모한 도전은 하지 않는다. 2.4평의 작은 푸드 트럭 한 대로 시작해 수백 억 원대의 매출을 올린 지금에야 많은 사람들이 겉모습만 보고 '모험심과 도전심이 강한 사람'이라고 말하곤 한다. 낯선 땅에서 미국 사람들은 듣도 보도 못한 음식을 주력 메뉴로 삼아 푸드트럭을 하고 돈을 많이 벌었다는 단편적인 면만 본다면 그렇게 보일지도 모르겠다. 하지만 나는 무모한 도전을 하기보다는 되도록 '무리한 위험은 피해가자'는 주의다.

사업은 계획했지만 수중에 가진 돈은 1만 5,000달러(한화 약 1,700만 원)가 전부였다. 돈이 없었기 때문에 감당할 수 있는 범위 안에서 부딪쳤다. 만약 잘되지 않으면 영향을 받는 사람들이 너무 많이 딸려 있었기 때문이다.

사업은 승부사 기질의 사람이 하는 게 아니다

3명의 창업자가 처음 사업을 시작했을 때 각자 직업도 있고 가정도 있고 아이도 있었다. 게다가 우리는 모두 30대를 훌쩍 넘긴 나이였다. 30대 초반인 지형이와 30대 중반인 나, 그리고 마흔을 마라보는 종근이 형까지 무모한 도전을 하기에는 지켜야 할 것도 포기할 수 없는 것도 많았다.

대한민국 평균 이하의 조건을 가진 우리들이 다른 사람들과 조금 다르게 선택한 게 있다면 성실하게 하루하루 살아가는 와중에 진정으로 하고 싶은 것을 위해 온몸으로 뛰어들어 행동했다는 사실이다. 하루하루 성실히 즐겁게 일하려 노력했고, 우리 마음이 하는 말을 주의 깊게 듣고 실천했다.

30대 초반, 중반, 후반으로 모인 우리 셋은 '도전'이란 단어를 모두 30대란 단어 앞에 썼지만, 조금 늦게 시작한 만큼 가슴속 깊이 아껴둔 간절함이 있었다. 그리고 무엇보다 우리가 원하는 것을 선택했기에 적은 돈을 가졌지만 최선을 다해 달릴 준비가 되어 있었다. 거기에 짊어진 가장이라는 타이틀은 충분하고도 넘칠 동기가 되어주었다.

지금 그때를 돌아보면 한때의 억척스러움은 모두의 추억이 됐고, 앞만 보고 달려온 우리의 추진력으로 지금의 성공을 일궈낼 수 있었다. 사업은 대부분의 사람들이 감수하지 않는 위험을 무릅쓰는 승부사 기질이 있는 사람들이나 하는 거라고 생각할지 모르겠다. 내가 생각하는 사업은 다르다. 무작정 앞뒤 보지 않고 뛰어드는 사람이 용감한 사람이 아니다.

용감함은 무턱대고 하고 보는 도전이 아니라, 조금 느리더라도 끈질긴 인내를 가지고 꾸준히 해나가는 태도를 말한다. 그럴 때 성공할 확률 또한 더욱 높일 수 있다. 위험을 극대화하지 않아도 더 길고 넓은 시야로 많은 것들을 바라볼 수 있다.

02

영어 한마디 못하는 날라리 문제아

"My name is 9 o'clock(내 이름은 9시야)."

나는 도대체 무슨 용기로 영어 한마디 못하면서 미국으로 덜컥 떠났던 걸까?

지금이야 미국에 산 지 10년이 지났고 여기서 아이도 낳고 사업도 하다 보니 의사소통하는 데 큰 지장은 없다. 하지만 여전히 난 아내에게 문법을 물어보고, 단어 스펠링을 물어보기도 한다. 지금도 이러니 20대 중반에 처음 미국으로 올 때는 어땠을까?

학창시절에 공부와는 담을 쌓고 지냈던 터라 영어에 대한 기초적인 지식조차 없었던 나는 그야말로 영어를 한마디도 못했다. 여기서

'영어를 한마디도 못했다'는 건 비유가 아니다. 말 그대로 영어로 이름을 소개하는 것 외에는 의사소통을 전혀 못했다는 의미다.

"한국 사람들은 아무리 못해도 레벨3은 나와."

미국으로 처음 갈 당시에 영어 테스트를 걱정하는 내게 주변 사람들은 아무 걱정할 필요 없다면서 날 안심시켰다. 하지만 주변의 쏟아지는 응원에도 불구하고 난 조금도 안심이 되지 않았다. '아무리 공부를 못해도 그 정도는 아니겠지'라고 주변 사람들은 생각했겠지만 난 진짜 내 영어 실력을 알았으니까.

영어 테스트를 받던 날, 내 걱정은 헛된 것이 아님이 장렬히 증명되었다. 가장 낮은 단계인 레벨1 수업에 들어간 나는 나만큼이나 영어를 못하는 외국인 친구들과 모여 함께 영어 공부를 했다. 지금도 떠올리면 박장대소가 터져 나오는 에피소드들이 참 많다.

어느 날 회화 시간에 옆자리 친구가 내게 물었다.

"What time is your name(너의 이름은 몇 시니)?"

그 친구는 "What time is it(몇 시니)?" 혹은 "What is your name(너의 이름은 뭐니)?"이라고 물으려고 했던 것 같다. 가만히 듣고 보니 질문이 이상하긴 한데 또 많이 들어본 문장이라 난 이렇게 대답했다.

"My name is 9 o'clock(내 이름은 9시야)."

이 장면을 바라보던 선생님의 얼굴에는 '어떻게 얘들에게 영어를 가르쳐야 하나'라고 쓰여 있는 듯했다. 그렇게 영어를 못해 스트레스 받고 외국인 친구들과 함께 사는 기숙사로 돌아오면 입을 꾹 닫고 한마디도 하지 않았다. 거리를 다녀도, 학원에 가도, 심지어 집에 와도 온통 알아듣지도 할 줄도 모르는 말들만 오가는 통에 외딴 섬으로 살아가는 것만 같았다.

하루 종일 말 한마디 안 하는
한국에서 온 유학생

"정훈, 너 혹시 말을 못하는 거야?"

나와 함께 살던 미국인 친구들은 처음에 내가 말을 못하는 줄 알았단다. 무작정 부딪히며 입을 떼는 것도 기초적인 지식은 알아야 가능할 텐데 나는 그럴 수 있는 수준조차도 아니어서 잔뜩 기가 죽은 채 입을 떼지도 못했다.

나는 학창시절에 공부는 못했지만 넉살 하나만큼은 남부럽지 않았다. 덕분에 친구도 많고 어디 내놔도 주목을 받는 쪽이었다. 중학교, 고등학교 때 힙합에 미쳐 있던 나는 지상파 텔레비전 방송이나 농구 결승전 등 큰 행사에 초청되어 춤을 추는 백댄서로 활약했다.

수만 명의 관중 앞에서 춤을 추던 나였는데 한마디도 하지 않고 생활해야 했으니 얼마나 좀이 쑤셨겠는가. 영어 실력이 형편없어서 한 달을 기 죽은 채 지내다가 어느 날 기숙사 구석에 둔 6개월짜리 왕복 비행기 티켓을 발견했다. 그러자 정신이 퍼뜩 들었다.

'내가 뭘 하는 거지? 내가 이렇게 나약했나?'

'이렇게 허무하게 돌아갈 수는 없다.'

부족한 영어에 기죽기보단 더욱 적극적으로 말문을 트기 위해 레스토랑 웨이터로 일한 건 탁월한 선택이었다. 유타 시내에 위치한 '이조'라는 한식 레스토랑에서 불판에 열심히 고기를 구우며 손님을 즐겁게 해주는 서비스업은 내 적성에 꼭 맞았다.

난 공부는 못했지만 상대방을 편안하고 재미있게 대하는 건 자신 있었다. 학창시절 아침부터 저녁까지 춤에만 빠져 있던 난 당시 꽤 잘나가는 기획사와 계약을 하고 이곳 저곳 춤을 추러 다니며 가수를 꿈꾸기도 했다. 그런데 어느 날 우리 팀을 담당하던 매니저 형이 "넌 끼가 있어서 연예인이 어울릴 것 같긴 한데, 가수보단 코미디언이 더 낫겠다"는 말에 자존심이 상해 춤을 그만두었다. 지금 생각해보면 내 외모와 성격을 꿰뚫어본 선견지명이었는데 당시 난 자존심이 무척 상했다. 뒤늦게 수능을 준비한답시고 학교만 다녔지만 춤만 추던 때의 에너지를 주체하지 못하고 저녁에 부모님 몰래 단란주점에서 아르바이트를 시작했다.

성격상 뭘 해도 재밌게 하는 게 좋은 나는 평범하게 서빙하지 않았다. 어떻게 하면 손님들이 조금이라도 더 좋아할까 궁리하다가 오징어 소스를 손님 앞에서 직접 섞어 내기도 하고, 안주 하나하나 직접 손질해서 손님이 쉽게 먹을 수 있도록 만들거나, 술 마신 손님들

심부름을 갈 때면 시키지 않아도 몸에 좋은 음료들을 꼭 함께 사왔다. 맥주병을 건넬 때는 손님 앞에서 일일이 입을 대는 병 끝을 깨끗이 닦아 건넸고, 손님들 옷은 음식 냄새가 배지 않도록 다른 방에 보관하곤 했다. 단골손님은 어떤 노래를 좋아하는지 미리 알아 노래 예약까지 해주었다. 남들이 바닥이라 부르는 그곳에서 난 장사의 기본을 배웠다. 미국에서도 마찬가지였다. 그냥 서빙하지 않고 카드마술을 하거나 손금을 봐주며 손님들의 호감을 샀다. 미국 식당 생리도 알게 되고 어떻게 하면 팁을 더 받을 수 있을지 연구하다 보니 영어 실력도 금세 늘었다.

그곳에서 배운 기본이야말로 내가 어디서 어떤 일을 하건 즐겁고 성실하게 임할 수 있는 밑바탕이 되었다. 상대방을 향한 관심과 배려, 그리고 근면함을 그곳에서 처음 경험했고, 사람은 일의 위치가 아닌 그 일을 대하는 자세에서 성공을 논해야 한다는 마음가짐도 거기서 다잡았다. 그 후로 난 내가 언제 어디서 무얼 결정하고 행동하든지 간에 부끄러움을 가져본 적이 없다.

성적 하위 1%, 전 과목 F, 춤에 미친 문제아
"그래도 엄마는 널 믿는다"

'문제아' '내 자식과 어울리면 안 되는 애'

고등학교 때까지 내게 찍혀 있던 낙인이다. 얼마나 원 없이 하고 싶은 거 다 하며 놀았던지 내 고등학교 추억들은 입시나 공부 스트레스와는 전혀 상관없는 행복으로 가득하다.

난 춤꾼이 되고 싶었다. 밤새도록 춤을 추고 학교에 가면 잠을 잤다. 부모님은 그런 내가 고등학교는 무사히 졸업할 수 있도록 맨 뒤로 자리를 바꿔달라고 담임 선생님에게 부탁할 정도로 난 성적이 하위 1%였다.

미국으로 오기 위해 서류 준비가 한창이던 때 유학원에서 성적표를 가져오라고 한 적이 있다. 첫날 빼곤 학교 출석조차 제대로 해본 적이 없던 내 대학교 1학년 성적은 올 F였다. 그 성적을 잔뜩 찌푸린 채 바라보던 유학원 원장님은 대신 고등학교 성적표로 제출하자며 가져오라고 했다. 하지만 교련, 체육 빼곤 모조리 양, 가밖에 없는 내 고등학교 성적표를 본 원장님은 다시 한동안 아무런 말이 없다가 아예 성적표는 제출하지 않는 게 낫겠다고 할 정도였다.

공부만 못하면 좀 나았을 텐데, 부모님이 내 친구의 어머니로부터 '정훈이가 내 아들과 어울리지 못하게 해달라'는 언짢은 부탁까지 들어야 했을 만큼 난 부모님의 속을 썩였다. 다른 사람에게 자식에 관한 싫은 소리를 듣는 게 속상하고 자존심 상하셨을 텐데도 부모님은 내게 단 한번도 내색한 적이 없었다. 대신 날 끝까지 믿어주셨다.

그래서였을까. 남들이 '날라리나 추는 춤'이라는 걸 하고 돌아다니던 겉모습과는 다르게 난 단 한 번도 술이나 담배를 하지 않았다.

성적 하위 1%, 춤에 미친 문제아, 전 과목 F.

내 멋대로 산 덕분에

내 방식대로 잘 살 수 있었다.

주변 환경은 내가 원하기만 하면 술이든 담배든 얼마든지 쉽게 접할 수 있었지만 신기할 정도로 그런 것들엔 유혹을 받아본 적이 없다.

어떻게 주변 친구들이 다 하는 걸 같이 옆에서 놀고 어울리면서도 안 피고, 안 마실 수 있었냐는 질문을 받을 때면 부모님이 내게 보내는 한결같은 믿음과 신뢰 덕분이라고밖에 답할 수가 없다. 물론 부모님께 잔소리는 수도 없이 들었다. 하지만 부모님이 틈만 나면 내게 하시던 말씀이 있다.

"정훈아, 엄마는 널 믿는다."

지금도 생각하면 눈물부터 나는 기억이 있다. 고등학생 신분이던 어느 날 난 뭐가 그리 당당했는지 귀를 뚫고 집에 와 쏟아지는 엄마의 잔소리에 철없는 반항까지 한 채 낮잠이 들었다. 한참 자고 일어나 눈을 슬며시 떴는데 책상에 작은 물체가 반짝거리고 있었다. 가만히 다가가 보니 그 옆엔 작은 쪽지도 있었다.

'하려면 몸에 안 좋은 거 말고 이걸로 해라.'

책상 위에 반짝이던 건 엄마가 어디선가 사온 누런 금 귀걸이 한 짝이었다. 잔소리는 할지언정 마지막엔 항상 믿어주시던 부모님에게 성적으로 실망시킬지라도 성품까지 실망을 안겨 드릴 수 없었다.

밤새도록 지하철 역 바닥에 머리를 박고 춤 연습을 하다가 아침 나절이 다 되서야 들어와 침대에서 자고 있는 내 머리맡에 앉아 기도하시던 어머니가 귀찮고 싫어서 자는 척했던 때도 있었다. 하지만 '그래도 믿는다'는 부모님의 말 한마디는 술 담배의 유혹조차 이겨낼 수 있는 커다란 양심과 책임감을 안겨 주었다.

　다섯 아이의 부모가 되어 보니 아이를 사랑하는 것과 믿는 건 다른 차원의 인내심이란 걸 깨닫는다. 이해할 수 없는 행동을 하는 아이를 있는 그대로 믿어주고 기다려준다는 건 그만큼 어려운 일이다.

여유롭게 고민하고
재빠르게 행동하라

한때 나도 모르게 아이들에게 공부만 강요하던 때도 있었다. 나도 공부를 잘하지 못했으면서 말이다. 하지만 사업을 시작한 이후로 대학 졸업장, 직업의 귀천에 대한 시선과 선입견이 완전히 깨졌다.

　'어떻게 공부를 시켜서, 어떤 대학에 진학하고, 무슨 전공과 직업을 가져야 아이들에게 좋을까?'를 고민했지만, 이제는 '아이가 뭘 좋아하지? 뭘 잘하지? 뭘 하고 싶어 하지?'라며 아이들을 위한 꿈에 대해 진지하게 고민한다. 아이들과 함께 집에서 쓰던 중고품들을 모아 야드세일Yard sale(집 앞 잔디에 물건들을 펼쳐두고 파는 중고세일)을 하기도 하고 열세 살쯤 되면 자기 이름으로 사업자등록을 하도록 해 자기만의 작은 사업을 경험해 볼 수 있도록 장려할 계획이다. 세상엔 공부보다 더 중요한 게 많다는 걸 알려주고 아이들이 스스로 좋아하는 걸 선택할 수 있는 환경을 만들어주고 다양한 경험을 할 수 있도록 도와주어야겠다고 다짐한다.

많은 사람들이 빨리 고민을 끝내고 남들보다 먼저 시작해야 잘하는 거라고 생각한다. 갈림길 없는 직선의 트랙 위에 서서 100미터 달리기 하듯 바쁘게 살아야 옳다고 생각한다.

"왜 남들이 좋다고 해서 가려고 할까?"

"왜 성급하게 한 길만 바라보고 가려고 할까?"

"왜 남들보다 조금이라도 늦게 시작하면 손해라고 생각할까?"

일단 해보고 적성에 맞지 않으면 다른 걸 하면 된다. 조금 여유로워도 된다. 자신의 인생을 사랑스럽게 여기고 현명하게 준비하는 거야말로 옳은 자세다. 다만, 여유롭게 고민하고 생각한 다음 무조건 행동해야 한다.

나는 아이들에게 '진정 용감한 사람은 자신이 원하는 것을 알고, 그것을 향해 행동하는 사람'이라고 말한다. 몸소 그것을 보여주기 위한 도전은 지금도 계속되고 있다. 그 과정이 아름다웠다고만 말할 순 없다. 때론 비참했고, 억울한 경우도 많이 당했다.

억울할 때마다 더 강한 의지로 꿋꿋이 버텨내다 보니 때로는 어설프고 외롭기도 했으나 우직하게 버텨낼 정신력을 키울 수 있었다. 내가 가는 길을 끊임없이 의심하고 두려울지언정 내 스스로의 신념을 지킬 수 있는 자신감은 있으니 나름 튼튼한 그릇을 키운 셈이다.

03

가진 게 적을수록 무리한 위험은 피하라

일단 해라, 단 무모하지 않게

"아! 나도 그거 하려고 했었는데."

"나도 비슷한 아이디어가 있는데."

"나도 내 사업을 하려고 했는데."

처음 사업을 시작했을 때 주변에 적지 않은 사람들로부터 이런 이야기를 들었다. 그런데 꼭 마지막 말은 '지금은 때가 아닌 것 같다'거나 '사정이 안 돼서 못한다'는 말이 대부분이었다.

분명 "~했었는데"라고 말하는 사람들도 자신이 원하는 것과 할 수 있는 것 사이에서 크고 작은 갈등을 했겠지만 시도하지 않은 바람은 단지 꿈일 뿐이다. 그런 말을 하는 사람들과 내가 다른 점이 하나 있다면 난 그저 내가 원하는 것을 위해 한 발을 내디딜 용기를 냈을 뿐이라는 거다. 내가 망설일 때마다 상기하는 말이 있다.

"계획은 즉각적으로 열심히 수행되지 않으면 그저 좋은 의도에 지나지 않는다Plans are only good intentions unless they immediately degenerate into hard work."

미국의 경영학자 피터 드러커Peter Drucker의 말이다. 나는 하고 싶은 일은 어떤 식으로든 해야 직성에 풀린다. 큰돈을 투자하거나 큰일에 갑자기 뛰어든다거나 하는 걸 말하는 게 아니다. 앞에서도 말했지만 내 신조는 "일단 하자, 그러나 무모하지 않게"다.

원하는 걸 하고야 마는 성격 때문에 춤을 추고, 단란주점에서 일을 하고, 식당에서 서빙도 했다. 마음 먹으면 바로 행동에 옮긴 덕분에 쌓인 경험들은 내가 뭐든 할 수 있는 용기를 더욱 키워주었다. 그리고 그 다양한 경험들을 한 덕분에 내가 서비스업을 좋아한다는 것도, 입담이 좋고 세일즈에 소질이 있다는 것도 알게 되었다.

120원짜리 플라스틱 카드 하나로
시작한 사업

컵밥 사업의 단초가 되었던 나의 첫 사업 아이디어는 식당 아르바이트를 하다가 얻었다. 당시 식당들 대부분은 식당 자체 쿠폰을 발행하고 있었다. 그런데 가게마다 쿠폰이 다르고 중구난방이다 보니 보관하기도 번거롭고 기껏 쿠폰을 모아도 금세 잃어버리기 일쑤였다.

'너무 불편한데? 쿠폰을 하나로 통합해서 어디서든 무조건 할인받을 수 있으면 편하잖아?'

그길로 나는 한국에 수소문해서 디자인이라고는 'VIP'라고 커다랗게 쓴 글자밖에 없는 원가 120원짜리 플라스틱 카드를 대량 공수했다. 내 별명인 고릴라를 따서 카드의 이름은 고릴라 VIP로 정했다. 그리고 일일이 지역 식당을 찾아다녔다. 식당 주인들은 큰돈 들이는 광고 대신 손님을 끌어모을 수 있는 할인카드에 관심을 보이기 시작했다. 그렇게 판다익스프레스를 포함해 400군데에 달하는 식당과 협약을 맺었다.

카드를 확보했으니 이 카드를 선불로 사갈 고객을 확보하는 문제가 남았다. 나는 카드 1장당 가격을 35달러(한화 약 3만 8,000원)로 정한 다음 고등학교, 대학교의 미식축구팀을 돌아다니기 시작했다. 미국 학생들은 서클활동비를 아르바이트를 해서 스스로 벌어 충당하는 일이 많고 자기들이 번 돈으로 경기비용을 대고 장비를 구입하곤 했다. 이 점을 간파한 나는 학생들이 싼 캔디바나 주스카드를 파는 것보다 더 나은 방법으로 효과적이게 돈을 버는 방법을 제시했다.

학생들에게 카드를 1장 팔면 17달러(한화 약 1만 8,000원)를 주겠다고 제안한 것이다. 거기다 덧붙여 당시 학생들에게 선망의 대상이던

120원짜리 조악한 플라스틱 카드 하나로 쿠폰 제휴 사업 고릴라 VIP를 시작했다. 뭘 해도 재미있게 하는 게 좋았던 나는 어떻게 하면 즐겁게 고객들의 머리에 각인될까 궁리했다. 이때 수백 군데 식당을 다니며 계약을 맺은 경험은 컵밥 사업의 단초가 되었다.

아이패드를 경품으로 걸었다. 그러자 할인카드를 180장씩 팔아오는 학생도 있었다. 그렇게 해서 3만 명까지 선불카드 회원이 늘었다.

고릴라 VIP 고객들 중에는 단골 고객들도 많았다. 그중에 기억에 남는 특별한 손님이 있다. 당시 돈이 없던 나는 웹사이트를 멋지게 꾸밀 수가 없었다. 그런데 고릴라 VIP 카드를 사서 이용하던 어느 고객이 제휴되어 있는 식당들을 인터넷으로 일일이 검색하는 일이 너무 귀찮았단다. 게다가 조악한 고릴라 VIP의 웹사이트가 너무 볼품없어 보이더란다. 그래서 그 고객은 직접 본인의 수고로움과 시간을 들여 애플리케이션을 만들어 주었다. 그 고객 덕에 많은 사람들이 수혜를 받았다.

쿠폰 제휴 사업 때 인연을 맺었던 식당 및 학교 관계자들은 훗날 초창기 컵밥이 자리를 잡는 데 크고 작은 도움이 되었다.

자신의 실패에 너그러워져라
자신의 실수를 사랑하라

'나도 비슷한 아이디어가 있었는데'라고 말했던 사람들이 하고 싶은 것과 할 수 있는 것 사이에서 망설이게 되는 이유는 무엇일까? 왜 고민만 잔뜩 하다가 결국엔 실행하지 않는 걸까?

'내가 하고 싶은 일'이 바라는 만큼 삶의 질을 충족시켜주지 못한다고 판단될 때 '할 수 있는 것'을 택하기 때문이다. 당장 먹고살아야 하는 생계 문제, 주변의 반대, 혹은 안정적인 직장을 포기하는 것은 위험이고 모험이기 때문이다. 그리고 이런 이유들 이면에는 실패에 대한 두려움도 있다.

이건 개인의 문제만은 아니라고 생각한다. 안타깝게도 우리 사회는 아주 오래전부터 내려온 고리타분한 사회적 환경 때문에 서로가 서로에게, 그리고 스스로에게조차 실패에 관대하지 못하다. 그래서 그런 환경 속에서 자라난 청소년들이나 성인들은 실패할 가능성이 있는 꿈들은 웬만해선 시도조차 하려 들지 않는다. 열 번을 잘하다가도 한 번 잘못했을 때 돌아오는 실패에 대한 질책이 조성하는 경쟁적이고 결과주의적인 분위기가 개인을 압도한다. 웬만한 배짱으론 '그런 건 중요하지 않아'라고 말할 수 있는 용기를 내기가 힘들다.

남들과 다른 행보를 하면 눈엣가시가 되는 환경은 젊은 청년들의 들끓는 피와 개성을 점점 사라지게 한다. 젊은 시절 학교시험, 대학시험, 취업시험 등 끊임없이 시험을 보느라 독서실에서 젊은 시절을 보내고 취업하면 좁은 사무실 안에서 쳇바퀴 같은 삶에 쫓겨 한창인 시절을 보낸다.

그러다 보니 요즘은 개성 있는 직업도, 선택의 가능성도 과거에 비해 아주 많아졌지만 여전히 대부분의 사람들은 잠깐 관심을 보일 뿐 결국엔 안정적인 학업과 직업을 따라간다. 현실에서 부닥치는 두려움을 극복하지 못하는 것이다.

미국이라고 해서 한국과 다른 별천지일까? 한국이든 여기든 각기 다른 장단점이 존재하고 대학 나와 직장 잡는 게 가장 큰 고민인 건 똑같다.

나도 마찬가지였다. 미국에서는 내가 할 수 있는 선택의 폭은 유학생이란 장벽 때문에 한국보다 오히려 더 제한적이었다. 대학 전공을 기반으로 직장을 잡지 않는 이상, 유학생이 미국에서 사업을 하려면 선택할 수 있는 자영업의 폭이 많은 편이 아니다. 색다른 직업군이나 너무 저렴하게 시작할 수 있는 사업들은 사업자 신분으로 변경을 신청해도 거절될 확률이 높아지기 때문에 되도록 신분 변경 허가가 잘 난다는 식당, 세탁소, 편의점, 주유소, 모텔 등에 뛰어들게 된다. 결국 다들 하는 선택이 비슷비슷해진다.

그런데도 불구하고 많은 유학생들이 공부를 마치고 이곳에 둥지를 트는 이유는 자신이 진정으로 바라는 삶을 일궈갈 수 있는 희망을 주는 환경이란 점에 가장 큰 매력을 느끼기 때문일 것이다. 회사 생활이나 사업을 하면서 자신이 원하는 만큼 가족과 자녀를 돌볼 수 있게 해주는 사회적 너그러움, 늦은 나이에 자녀를 키워놓고 다시 공부를 하거나 일을 시작하는 게 불가능하지 않은 환경적 배려는 고국을 떠나 사는 외로움을 이겨낼 만한 가치가 있다.

사회가 개인에게 용납하는 너그러움이 적다고 해서 스스로에게 용납하는 너그러움조차 가두지 않았으면 좋겠다. 사업을 하다 보니 지금껏 우리가 쌓은 자산은 여러 가지의 실패 그리고 잘못된 선택들이라는 걸 깨닫는다. 실패를 할 때마다 주저앉았다면 우리는 지금 여기 있을 수 없다. 제대로 실패를 하고, 실패를 똑바로 마주보고, 변화하고 실행하다 보니 이제야 겨우 제대로 된 기회들이 보이기 시작한다.

금수저, 은수저, 상위 1%. 내 삶은 이 단어들의 정반대에서 시작했다. 하지만 난 내 자신을 믿고, 이제까지 겪은 모든 경험 덕에 지금의 내가 있다고 믿는다. 그리고 실수를 한 내 자신을 사랑한다. 앞으로도 수없는 실수를 계속 할 내 자신을 응원한다. 자신의 실패에 너그러워져야 무언가를 선택할 때 점점 더 용감해질 수 있다. 꼭 좋은 성적을 얻어 좋은 학교를 나오고 좋은 직장을 다녀야지만 성공한 사업가가 되는 건 결코 아니다. 좀 부족하더라도 스펙이 완벽하지 않아도 얼마든지 자기만의 대기업을 만들 수 있다.

난 30대의 빠르지 않은 나이에 이런 경험을 했고 지금도 하고 있지만 결코 늦었다고 생각하지 않는다. "늦더라도 안 하는 것보다 낫다**Better late than never**." 책을 읽는 여러분도 자신의 길을 걸어보는 짜릿함을 만끽하길 진심으로 응원한다.

04

아는 만큼 보인다, 보는 만큼 행동해야 한다

도대체 뭐가 부족해서
이 안에 끼지도 못할까?

식당 지인의 초대로 유타에서 열린 큰 음식 컨벤션 티켓을 얻게 되었다. 그때 얻은 컨벤션 티켓은 내 인생을 바꾸는 티켓이었는지도 모른다.

대학 때부터 워낙 요식업에 관심이 많기도 했고 대규모 컨벤션은 매년 하는 것도 아니기 때문에 기회를 놓칠 수 없어 기꺼이 방문했다. 그 넓은 컨벤션 센터 안에는 이 세상 온갖 종류의 음식이 다 있는 것만 같았다. 평소에 자주 접하는 음식부터 평생 듣도 보도 못한 아프리카 음식까지 모조리 둘러보는데 한국 음식을 다루는 곳은 단 한 군데도 없었다.

미국에서도 한국 하면 '코리안 바베큐, 불고기' 정도는 알려져 있는데 이상했다. 한국 음식이 어디 내놔도 손색이 없는데 쏙 빠져 있어 서운하고 자존심이 상했다.

'베트남 사람들도, 인도 사람들도 자기 풍습이나 관습을 음식으로 알려주고 있는데 우리는 뭐하는 거지?'

'한국 음식이 도대체 뭐가 부족해서 이 많은 음식들 사이에 끼지도 못할까? 나중에 꼭 돈 벌면 한국 음식 장사해야지'

고릴라 VIP 사업을 하며 수백 군데 식당을 다녀본 나는 평소에도 요식업에 관심이 많았다. 한국의 유명 갈비집 레시피를 돈 들여 사둘 정도로 사업 기회를 엿보던 참이었다. 아쉬운 마음을 뒤로 한 채 돌아왔지만 강하게 남는 여운이 도무지 가시지가 않았다. 그날 저녁 잠을 청하기가 힘들어 한참을 뒤척이다 아내에게 말했다.

"내가 오늘 엄청나게 큰 음식 컨벤션에 다녀왔거든? 그런데 사방에 온갖 나라의 음식들이 깔렸는데 한국 음식 하나가 없더라. 그거 자존심 상하데? 우리나라 음식이 어디 내놔도 빠지진 않는데 왜 미국에서 중식이나 일식처럼 체인점으로 잘 발전하지도 못하고 넓은 시장으로 뻗어나가지도 못하는 걸까?"

아내와 이런저런 이야기를 한 후에도 아쉬움을 지우지 못하고 잠을 뒤척였다. 그때까지만 해도 얼마 후 유타대학교^{University of Utah}에서 어떤 일이 있을 줄 상상도 하지 못했다.

돈 없는 나한테 딱 이잖아?

난 고릴라 VIP 사업을 꾸준히 키워나간 덕분에 400곳이 넘는 식당을 가맹점으로 가지고 있었다. 가맹점들과 고객들을 지속적으로 관리를 해야 했고 또 새로운 가맹점을 계속 만들어야 했기 때문에 매일 같이 식당들을 돌아다니기 바빴다.

우리와 협약을 맺은 가맹점들 중엔 식당뿐 아니라 대학교 캠퍼스 내 구내식당들도 있었다. 그 대학들 중 하나인 유타대학교 구내식당에 방문하기 위해 간 지형이에게서 전화가 걸려왔다.

"형, 유타대학교 캠퍼스 안에 푸드트럭이 있는데 장사가 꽤나 잘돼요. 가게만 가맹점으로 둘 게 아니라 푸드트럭들과도 계약을 맺어보면 어때요?"

"그래, 가게만 고객이 아니지!"

다음 날 함께 유타대학교를 방문해 푸드트럭 주인들을 만났고 그중 인기가 가장 좋은 푸드트럭 3대와 그날 당장 멤버십 계약을 약속했다.

'돈이 많이 들지도 않고, 간편하고. 흥미로운데?'

그런데 계약을 맺어 즐겁다는 생각이 드는 건 잠시, 오후에 집에 돌아온 나는 머릿속이 반짝거리기 시작했다. 우연이었을까, 필연이었을까? 며칠 전 다녀온 음식 컨벤션, 그리고 그날 본 푸드트럭까지 머릿속에서 퍼즐이 순식간에 맞춰졌다. 나는 흥분을 가라앉히지 못하고 아내에게 말했다.

"예리야, 우리 한식으로 푸드트럭해보는 거 어떨까?"

아내는 멀쩡하게 사업 잘하다가 뜬금없이 웬 음식 장사를 하겠다고 하냐며 당황해했다. 하지만 고릴라 VIP 사업을 완전히 접지 않고 함께 병행한다면 시간도 일도 많이 겹치지 않아서 괜찮을 것 같다는 데는 의견이 맞았다. 그러면 시즌에 따라 수입의 편차가 많던 고릴라 VIP 사업보다 안정적일 건 분명해 보였다.

카드 제휴 사업을 하면서 나만의 식당을 수없이 그려보던 참이었다. 가맹점을 맺기 위해 수백 군데의 다양한 식당들을 돌아다니다 보니 자연스레 각 식당들의 장점과 단점을 파악할 수 있었고, 꼼꼼히 관찰하며 기록해둔 자료도 있었다.

기존의 전통 한식당과는 다른 차별점과 친절하지만 독특한 서비스를 어떻게 할 것인지 수만 가지 계획을 머릿속에 지웠다 썼다를 반복했다. 그렇게 내가 가장 잘할 수 있는 색깔과 방식을 찾아 오랫동안 벤치마킹을 하며 충분히 준비기간을 가져 온 것이다.

수백 군데 가게를 돌아다니며 습득한 그때의 경험은 컵밥을 창업할 당시에 든든한 기준점이 되어 주었다. 잘해야 하는 것, 절대 하면 안 되는 것, 조심해야 하는 것들을 미리 학습할 수 있는 소중한 시간이었다. 요식업을 생각한다면 분야와 장르에 상관없이 먼저 많은 경험을 해보는 건 기본 중에 기본이다.

싸고, 맛있고, 빠른데 왜 하찮게 여겨질까?

사람은 아는 만큼 보인다. 그리고 보는 만큼 행동해야 한다. 푸드트럭에서 한국 음식을 팔겠다는 계획의 단초는 아주 작은 계기에서 시작됐다.

관심이 없었다면 마냥 지나칠 수도 있는 장면이 푸드트럭 컵밥 사업으로 탄생할 수 있었던 건 나의 오랜 취미 덕분이다.

내 취미는 텔레비전 다큐멘터리를 보는 것이다. 다큐멘터리를 보며 사람 사는 이야기들을 접하고 나면 나도 모를 위안을 얻었다. 하루 종일 식당을 돌아다니며 세일즈를 하고 퇴근한 그날도 마찬가지였다. 무심코 채널을 돌리는데 어느 다큐멘터리에서 노량진 컵밥을 다루고 있었다.

"노량진 컵밥?"

노량진 길거리 명물이던 컵밥이 상가세도 안 내는 노점이라며 인근 가게들이 문제를 삼았고 결국에는 인기 많던 컵밥을 너도 나도 따라 한다는 내용이었다. 흥미로운 아이템이 찬밥 신세를 받고 있는 것 같아 참 아쉬워 아내에게 말했다.

"너무 아깝지 않아? 진짜 훌륭한 컨셉인데. 싸고, 맛있고, 빠르고, 많은 사람들이 좋아하잖아. 꼭 이렇게 될 수밖에 없나?"

"그러게. 좀 안타깝네."

그러고 얼마 지나지 않아 노량진 컵밥에 대해서는 까맣게 잊어버렸다. 내 목구멍이 포도청인데 남의 상권을 머리에 담아둘 만큼의 여유는 없었다.

그때까지만 해도 다큐멘터리 속 노량진 컵밥은 남의 이야기였다. 어떤 가능성이나 기회로 여기지 않았다. 하지만 다큐멘터리 속 번쩍이는 황금 덩어리 같은 컵밥은 이후 컨벤션을 다녀오고 푸드트럭의 가능성을 발견하면서 한식으로 푸드트럭을 하겠다는 확고한 다짐으로 굳어졌다.

"컵밥! 싸고, 맛있고, 빠르고! 이거야!"

기존의 한식당에서 나오는 한국 음식은 다양한 반찬이 곁들여 나오는 한상차림이었다. 한국 음식의 다채로운 면모를 미국 사람들에게 선보이고 싶었지만 가뜩이나 좁은 푸드트럭에서 여러 음식을 다룰 수는 없는 노릇이었다. 하지만 컵밥이라면 기존의 한식당에서 나오는 한상차림보다 훨씬 빠른 시간 안에 아주 간편하게 먹을 수 있는 간단한 한 끼 식사로 친근하고 쉽게 미국인들에게 소개할 수 있을 것 같았다. 간편하게 빨리 먹을 수 있는 음식을 선호하는 미국 사람들 정서에 딱 맞는 메뉴였다.

다큐멘터리를 볼 때는 남의 이야기, 남의 상권이던 컵밥이 운명 같은 연결고리들로 싸고, 맛있고, 빠른 한식 푸드트럭이라는 사업 아이템으로 탄생했다.

그런데 당시 풀타임으로 고릴라 VIP를 운영하고 있던 우리 둘만으론 새로운 모험을 하기엔 역부족이었다. 둘 다 세일즈엔 자신 있었지만 직접 전문적으로 음식을 만들어 본 경험이 없었기 때문에 요리에 일가견이 있는 누군가 필요했다.

마침 머릿속에 떠오른 한 명이 있었다. 오래전 매형과 치기공소를 열었을 때 그곳 수입만으론 먹고살 수가 없어서 일식집에서 웨이터로도 일했는데, 그곳에서 함께 일하던 종근이 형이었다. 종근이 형은 당시에 한국 마켓에서 물건재고를 챙기고 고기도 직접 썰면서 열심히 일을 했지만 역시나 부수입이 필요해서 일식집에서 일을 하던 참이었다. 신혼 초에 미국 땅을 밟은 종근이 형은 마흔이 가까운 늦은 나이에 영어 어학연수 과정을 듣고 있었고, 형 역시 가족을 부양해야 했기에 닥치는 대로 아르바이트를 했다.

일식집 근무 경험을 토대로 일식 요리사의 길에 입문했던 종근이 형은 어느덧 일식당을 차리려고 준비하고 있던 참이었다. 일식당을 차리는 게 형에겐 안정적인 길이었을 텐데도 며칠 뒤 푸드트럭이라는 아이디어가 재밌고 함께 일하는 게 즐거울 것 같다며 흔쾌히 제안을 받아들였다. 언젠가 내가 종근이 형에게 "왜 그때 일식집 오픈 안 하고 우리랑 사업했어요?"라고 물었을 때 형이 이렇게 말했다.

"고릴라 VIP 사업을 하면서 즐겁게 사는 너랑 지형이를 보니까 나도 그렇게 살고 싶더라고."

실행력은 어느 날 갑자기
생기지 않는다

기회는 준비되지 않은 자에게 오지 않는 것이 아니라 보이지 않는다. 가슴 뛰는 일, 운명적인 만남은 충실하게 준비된 자에게만 보이는 보상이다. 만약 우리가 고릴라 VIP 사업을 하는 동안에 수많은 식당들을 벤치마킹하며 우리만의 식당을 꿈꿔 보지 않았다면 컵밥이란 기회가 보였을 때 덥석 잡을 수 있었을까?

우린 열심히 살고 있었고, 계획했고, 생각하는 것을 실제로 옮기는 연습을 각자의 자리에서 하고 있었다. 우리가 있는 그 자리에 영원히 있을 거라고 생각하지 않았다. 다른 기회를 늘 찾았고 기회를 보려고 노력했다. 그렇기 때문에 기회가 보였을 때 생각만으로 그치지 않고 실행으로 옮길 수 있었다.

자신이 진정 원하는 것을 알고 그것을 실행하기 위해선 서서히 용기를 축적해야 한다. 아무것도 하지 않는데 갑자기 실행력과 용기가 터지듯 생기지 않는다.

그렇게 시작한 컵밥은 찬찬히 바빠질 거란 우리의 예상을 깨고 단

시간 안에 인기몰이를 시작했다. 처음에는 안정적인 수입을 위해 고릴라 VIP 사업을 병행하며 운영했지만 이내 컵밥은 가파른 성장세를 보였고, 곧 두 가지 중 한 가지만 선택해야 하는 상황이 왔다. 그 땐 누가 답하지 않아도 우린 이미 알고 있었다. 그간의 벤치마킹을 통해 생각해 온 아이디어를 모두 쏟아 부을 수 있는 곳에서 새로운 도약을 해야 할 순간이었다.

고릴라 VIP 사업을 사겠다는 제안을 받기도 했었다. 그럼에도 불구하고 끝내 그 이름을 팔지 않았다. 내 인생 내 첫 사업이 다른 누군가로 인해 더 잘될 수도 있겠지만 혹여라도 잘 안 돼서 좋지 않은 평판을 받는 걸 원하지 않았다. 첫 자식과도 같은 존재였으니까. 그리고 돈 몇 푼 벌자고 넘긴 사업이 잘 되지 않아 사업을 통해 쌓아둔 인맥을 잃고 싶지도 않았다. 돈보다 더 중요한 것이 있다고 믿었다.

05

새롭기만 하면 망한다,
새롭지만 익숙하게 하라

퇴근 후 매일 밤
아이를 들쳐 업고 개발한 메뉴

미국인들의 입맛에 맞춘다는 건 쉬운 일이 아니었다. 간단하게, 빨리 먹을 수 있는 컵 음식을 메뉴로 하자는 데는 의견이 모아졌지만 그 안에 어떤 음식들을 넣을지, 어떻게 넣을지 등 결정해야 하는 일이 한두 가지가 아니었다.

직장 일이 끝나면 우리 세 가족은 잠든 아이들을 들쳐 업고 매일 밤 각자 연구해 요리해 온 음식들을 먹어보며 새벽 한두 시가 넘도록 아이디어를 나눴다. 각 가정에서 반드시 한 가지 음식을 해 오기로 했다. 그렇게 매일 밤마다 불고기 세 가지, 돼지불고기 세 가지, 닭불고기 세 가지, 잡채 세 가지 등 반드시 세 가지는 맛보았다. 세 가지 요리를 앞에 두고 여섯 명이 둘러 앉아 음식을 맛보며 어떤 게 가장 좋고 무엇을 바꿀지에 대해 의견을 나눴다.

무슨 재료를 담아야 미국 사람들에게 이질적이지 않을지, 어떻게 요리해서 내야 가장 빨리 담아 낼 수 있을지, 컵에 담는 모양은 어떻게 할지 등 쉴 새 없이 여섯 명의 머리와 손과 입이 움직였다.

어떤 쌀을 선택해야 하는지도 고민이 많았다. 찰기가 많은 한국쌀은 소스와 섞이지 않아서 문제였다. 시행착오 끝에 안남미와 적당히 섞어 적당히 찰진 밥을 완성했다.

우리가 컵밥 위에 뿌리는 소스는 엄밀하게는 한국식 전통 소스는 아니다. 하지만 최대한 한국의 맛을 잃지 않으며 최적의 비율을 찾는 데 많은 노력을 기울였다. 고추장을 기본으로 하는 매운 소스, 간장을 기본으로 해서 만든 불고기 소스, 달콤하고 새콤한 화이트 소스 등 미국 사람들의 입맛에 맞게끔 변형했지만 기본 베이스에는 한국의 새콤달콤한 맛이 모두 들어 있다.

고기를 잴 때 사용하는 소스 역시 고추장과 간장을 기본으로 하는 전통 한국식을 사용하면서, 80~90%는 한국의 전통적인 맛을 그대로 살리려고 했다.

누가 봐도 한눈에 알 수 있도록
단순할 것

생소한 것일수록 단순해야 한다. 잘 알지도 못하는데 복잡하기까지 하면 마음의 벽은 이중 삼중으로 생긴다. 당근, 당면, 고기, 밥이 한데 담겨 미국 사람들이 태어나서 한 번도 본 적도 들어본 적도 없는 음식을 팔기 위해서는 무조건 단순하게 소개해야 했다.

'아주 간단히 할 것. 한 가지만 할 것. 그리고 그것에 최선을 다 할 것Keep it real simple. Do one thing, and do it the best you can.'

미국 서부에서 가장 인기 있는 햄버거 프랜차이즈인 인 앤 아웃 버거IN-N-OUT BURGER의 창시자 해리 스나이더Harry Snyder의 말이다. 인 앤 아웃 버거는 해외 매장은 단 한 군데도 없고 미국 서부 지역에서만 맛볼 수 있을 정도의 규모이지만 캘리포니아 주에서는 맥도날드를 이기고 이 지역에 오면 반드시 맛보아야 하는 음식으로 손꼽히며 큰 인기를 자랑한다.

사업을 준비하면서 인 앤 아웃 버거는 우리가 추구하는 방향의 선두주자임이 분명해 보였다. 인 앤 아웃 버거의 메뉴는 아주 단순하다. 버거와 프렌치프라이, 그리고 음료만 메뉴에 있어 남녀노소 누가 보든 한눈에 이해하기 쉽다. 가장 중요한 것만을 부각시키고 복잡한 것들은 모조리 빼버린 것이다.

메뉴를 만들 때 인 앤 아웃 버거가 강조하는 '간단함simplicity'에 집

중하고 싶었다. 메뉴를 최대한 간소화하고, 컵밥 딱 한 가지 메뉴만 20년 된 낡은 트럭 겉면에 커다랗게 표현했다.

로고만 넣을까 사진도 넣을까 고민했지만, 한국 음식은 미국 사람들에게 생소하기 때문에 음식 사진도 함께 크게 넣었다. 우리가 누군지, 무엇을 파는지가 한눈에 드러나도록 트럭 겉면부터 메뉴판까지 단순하면서도 명확하게 통일해 디자인했다. 처음 메뉴를 정할 때부터 우리가 가장 잘할 수 있는 3~4가지에만 집중하기로 했다.

어떻게 음식으로 문화까지
전달할 수 있을까?

'간단한 가정식, 홈 메이드 스타일의 3~4가지 메뉴만 심플하게 선보인다.'

방향은 정해졌다. 아이들도 먹을 수 있도록 과한 양념이나 불필요한 몸에 안 좋은 것들은 최대한 배제하자고 의견을 모았다. 양념을 과하게 하지 않아 '먹고 나면 물이 당기지 않아 좋다'라는 기본 전제를 철저하게 지키고 조리법을 만들었다.

메인 메뉴는 미국 사람들이 먹어 보면 싫다는 사람 찾기 힘든 불고기, 돼지불고기, 닭불고기, 잡채 딱 4가지로 정했다. 조리과정은 복잡하지 않되, 결코 한국적인 베이스는 잃지 않는 레시피를 만들었다.

컵밥을 열고 5년이 지난 어느 날, 유타에서 가장 유명한 멕시칸 음식점 '카페리오Cafe Rio'를 전설적으로 키워 낸 '밥 닐슨Bob Nilsson' 전前 회장을 사석에서 만날 기회가 있었는데 그와의 대화에서 큰 깨달음을 얻었다.

미국 서부에서 가장 유명한 멕시칸 음식점 카페리오의 음식들. 카페리오를 키워낸 전설적인 CEO 밥 닐 슨은 멕시코 음식을 철저하게 미국 현지인들의 입맛에 맞게 변화시켜 성공했다.

"카페리오가 전통 멕시칸 스타일인가요? 아니요. 그렇진 않아요. 하지만 미국 사람들은 그 맛에 굉장히 열광하죠. 우리가 추구하는 멕시칸 음식 맛의 기준은 '전통적인 멕시칸 음식인지 아닌지'가 아니에요. 내가 새로운 메뉴를 넣을 때도 내가 먹어봤을 때 '우리 레스토랑 음식보다 맛있는지 아닌지'가 기준입니다. 그게 아니면 넣을 필요가 없죠."

컵밥이 전통 한국 음식은 아니라는 불만을 간혹 받아 고민이라는 데 대한 그의 답변이었다. 그는 전통을 고집하기보단 한국 문화를 베이스로 한 미국인들이 사랑할 수 있는 한국 음식이, 미국에 대중화 될 수 있는 컨셉이 바로 컵밥이라면 바로 그것이야말로 한국 문화를 미국 사람들에게 전달할 수 있는 훌륭한 음식이라고 했다.

한국의 쌈 느낌이 나면서
미국의 바비큐와 비슷할 수 없을까?

당시 우리는 컵밥이 전통 한국식authentic Korean이 아니라며 불만을 표하는 사람들을 몇 만나던 참이었다. 한국 음식을 베이스로 한 새로운 한식이라는 콘셉트로 고객들에게 친절하게 설명하고 있었지만 과연 우리가 의도해온 방식이 맞는지 때때로 고민해 보지 않은 건 아니었다. 그런데 밥 닐슨 회장과의 대화에서 우리가 진정으로 추구하고자 하는 방향을 보다 더 명확히 할 수 있었다.

"한국 음식이지만 미국 사람이 좋아할 수 있고 쉽게 받아들일 수 있을 만한 변화는 뭘까?"

그게 우리가 처음 메뉴를 만들 때 던진 질문이었다.

'한국적인 건 뭘까?'

'미국 사람들이 좋아하는 음식의 특징엔 뭐가 있을까?'

'그것들 중에 우리 음식에 어울릴 만한 건 뭘까?'

한국의 전통과 어울릴 만한 미국의 음식 문화를 찾는 게 우리의 과제였던 셈이다.

어떤 사람들은 컵밥을 한 입 먹고 말한다.

"한식이 아니잖아."

우린 철저하게 미국인에게 파는 한국 음식을 추구한다.

한국에선 고기를 먹으러 식당에 가면 쌈을 싸 먹을 수 있는 야채들을 준다. 상추에 고기와 밥을 얹어먹는 그 맛을 채식주의자가 아닌 이상 한국 사람이라면 싫어할 사람이 몇이나 될까? 그런데 미국에는 고기를 뭔가에 따로 싸먹는 '쌈 문화'라는 게 없다. 스테이크를 메인으로 썰어 먹고 사이드로 야채를 구워 내거나 으깬 감자를 곁들여 먹고 후라이드 치킨엔 감자튀김이나 샐러드를 먹는다. 그래서 우린 생각했다. 미국 바베큐와는 좀 다르고 한국 '쌈 문화'를 흉내 낼 수 있을 정도를 기준으로 삼자고 말이다. 대중화된 중국 음식스타일로 미국 전역에 지점이 있는 피에프 창P.F. Chang이란 레스토랑에서 힌트를 얻을 수 있었다. 피에프 창에서 가장 인기 있는 에피타이저 중에 갈은 고기에 야채를 볶아 양상추에 얹어먹는 메뉴가 있다. 그 음식에서 아이디어를 얻어 상추대신 미국인에게 더 친숙한 양상추를 선택했다. 그렇게 맨 밑에 밥을 깔고, 양상추를 깔고, 그 위에 고기를 얹어 탄생한 것이 지금의 컵밥이다.

06

감당할 수 있을 때 부딪쳐라

딱 1,500만 원씩 투자하는 거야

사업은 계획했지만 돈이 없었다. 아무리 긁어모아도 투자할 수 있는 금액이라고 해봐야 1만 5,000달러(한화 약 1,700만 원)가 전부였다. 그래도 함께 시작하는 사람이 3명이라 얼마나 다행인지. 우리 세 사람은 총 4만 5,000달러(한화 약 5,000만 원)를 모아 사업을 시작했다.

투자 금액을 정할 때도 절대 무모하게 뛰어들지 않았다. 누구보다 절실했지만 감당할 수 있는 범위 안에서 부딪혔다. 사업 초기에 하던 일을 유지한 것도, 그리고 소자본 투자를 한 것도, 이 사업 하나에 모든 걸 걸었다가 잘되지 않으면 감당해야 할 식구들이 너무 많이 딸려 있었기 때문이다. 최대한 위험요소를 줄여야 했다.

'배달의 민족' 김봉진 대표는 『배민다움』에서 '일을 시작할 때는 가장 작은 규모로 가장 가볍게 시작하라'고 말했다. 나는 이 말이 참 와 닿는다. 우리가 바로 그랬으니까. 실패해도 무너지지 않을 만큼의 선을 긋는 건 창업을 꿈꾸는 사람이라면 반드시 중요하게 고려해야 하는 부분이다.

지금이야 유타에 푸드트럭이 180대가 넘지만, 우리가 푸드트럭을 열었을 때 유타 주의 수도 솔트레이크 시티에는 20대 정도의 푸드 트럭밖에 없었다. 게다가 이곳은 한국 음식이 아주 생소한 지역이었다. 모든 것은 예상과 계획처럼 되지 않았고 처음 얼마 동안은 이게 옳은 선택인 걸까 하루에도 몇 번씩 되물었다.

하지만 계획을 한 이상 미룰 수는 없었다. 온가족의 생계가 걸려 있었다. 시간을 갖고 차분히 준비할 수 있는 여건이 아니었다. 준비해야 할 서류작업은 산더미 같았고 구비해야 할 물품도 한두 가지가 아니었다. 모든 걸 동시다발적으로 준비해 나갔다.

그런데 푸드트럭 운영을 위해 갖추어야 할 리스트를 위생청에서 받았지만 도대체 무슨 뜻인지 사전을 찾아 봐도 모르는 것 투성이였다. 사전에는 분명 'Commissary커미서리'라는 단어가 있는데 사전의 뜻은 실제 사용되는 뜻과 너무 달랐다. 커미서리가 음식을 준비하는 전문 주방을 뜻하고, 음식 종류에 따라 주방 설비가 달라야 한다는 걸 이해하는 데만도 적지 않은 시간이 걸렸다.

'아, 이래서 외국인이 언어 때문에 서러운 거구나.'

언어의 장벽이 너무 높게 느껴졌다. 그래도 지난 몇 년 동안 식당들을 돌며 세일즈를 했던 경험이 큰 힘이 됐다.

첫 영업,
3일간 2,000만 원 매출을 올리다!

그렇게 맨 땅에 헤딩하며 시작한 지 2~3개월이 되어가던 무렵, 처음으로 트럭을 몰고 나가던 날을 평생 잊지 못할 것이다. 우왕좌왕하지 않도록 첫 영업은 케이터링catering(행사, 연회 같은 곳에 출장 나가 즉석에서 요리를 만들어 제공)으로 하기로 했다. 100명이 넘는 고등학교 선생님들에게 점심 식사를 제공하는 자리였다. 초보가 처음하는 이벤트치고는 꽤 과했다. 이 이벤트 하나를 잡기 위해 지금 생각하면 웃음부터 나는 일들도 벌였다. 100명이나 되는 케이터링을 잡기 위해선 우리 음식이 얼마나 맛있는지 보여주어야 했다. 우린 그 고등학교 교장에게 공짜밥을 제공해주겠다고 제안했고 교장은 공짜란 소리에 선뜻 그러라고 했다. 상업용도 아닌 가정용 그릴을 가져다 교장실 옆 회의실에서 닭꼬치를 구워주며 컵밥을 홍보하는 우리의 정성에 감동한 교장은 흔쾌히 케이터링 제안에 응했던 것이다.

첫 영업, 첫 손님. 우리의 첫날! 이 날을 위해 며칠을 살았다고 해도 과언이 아닐 만큼 모두들 들떠 있었다. 트럭에 음식을 가득 싣고 3명의 사장과 3명의 아내까지 6명이 총출동했다. 100명이 넘는 고객들을 서빙하는 동안 이 음식, 저 음식 소개해 주고 다양한 소스를 뿌려주며 우리의 설렘을 알아주기를 바라며 진심을 담아 6명이 한마음으로 힘든 줄도 모르고 일했다. 이때 친해진 그 고등학교 교장 퍼넬은 훗날 유타밸리대학교 부총장까지 올랐는데, 당시 케이터링을 했던 우리를 회상하며 그토록 열정적인 모습에 감동을 받았다고 했다. 그리고 닭꼬치 시식 후에 회의실에서 일주일이 넘게 닭꼬치 냄새가 빠지지 않았다는 후문도 들려줬다.

첫 테이프는 성공적으로 끊었다. 하지만 준비된 사람들을 상대하는 것과 언제 누가 올지 모르는 실전은 다를 것이기에 안심하기에는 일렀다. 첫 케이터링을 성공적으로 마치고 얼마 뒤, 화장품회사 뉴스킨에서 대형 규모의 컨벤션을 한다는 소식을 들었다. 유타 프로농구팀 재즈구장에서 2년마다 한 번씩 열리는 이 컨벤션은 전 세계 뉴스킨과 관련된 사람들 수만 명이 오는 대규모 행사였다. 이런 좋은 기회를 놓칠 수 없었다.

컨벤션을 여는 경기장 내부에는 음식을 파는 곳이 있긴 하지만 수만 명을 수용할 정도의 규모는 아니었다. 게다가 행사장에 참석하는 사람들은 대부분 차가 없는 방문객들이었기 때문에 근처에 적당한 끼니거리를 찾는다. 수만 명을 잠재 고객으로 확보할 수 있다니 가슴이 뛰기 시작했다. 컨벤션 정보를 얻은 우리는 다함께 외쳤다.

"무조건 간다! 방법을 찾아!"

그런데 이상했다. 지금까지 어떤 푸드트럭도 그 근처에서 영업을 해본 적이 없었다. 이렇게 좋은 장소에 왜 아무도 가지 않았을까?

"안 되는 건가?"

"안 되는 게 어디 있어. 일단 경기장 근처로 가보자."

경기장 근처를 탐색하다 보니 시간마다 동전을 넣고 주차하는 시청 관할 주차장들이 보였다. 기회를 절대 놓치고 싶지 않았던 우리는 '동전을 계속 넣으면서 장사를 해볼까' 하는 엉뚱한 생각을 하다가 시청 주차과를 찾아가 유타재즈 구장 앞에 있는 거리 주차권 3일분을 무작정 사들였다.

우여곡절 끝에 시작한 장사 첫날, 사람들은 달큰한 한식 불고기 냄새를 맡고 삼삼오오 모여들기 시작했고 오후 무렵이 됐을 때부터는 저녁을 먹으려는 사람들로 장사진을 이뤘다. 사람들이 줄도 제대로 못 설 정도로 창문 앞에 모여들어 손에 든 돈을 창문으로 밀어 넣으며 주문을 했다. 정신을 못 차릴 정도로 사람들이 몰려들었다.

컨벤션이 열린 3일간 무려 1만 8,000달러(한화로 약 2,000만 원) 매출을 올렸다. 첫 신고식을 기대 이상으로 성공리에 마쳤다. 이만큼 매출을 올리리라고는 그 누구도 예상하지 못했다. 3일간 몰려드는 사람들을 맞으며 확신했다.

"된다!"

사업에 대한 희망을 강하게 느꼈다.

한순간도
두렵지 않은 때가 없었다

"한 명이라도 사 먹을까?"

몇 백 인분의 밥을 안치고, 고기를 볶고, 수십 통의 소스를 준비하면서도 마음 한 편은 늘 불안했다.

"그 많은 사람들이 우리를 지붕 위 닭 보듯 쳐다보고 그냥 지나쳐 가는 건 아닐까?"

냉담한 수백 명의 사람들 앞에서 생소한 한국 음식으로 호객할 생각을 하니 막막했다. 하지만 한편으론 아침마다 눈을 뜨면 '오늘은 또 무슨 새로운 일이 생길까?' 하며 설레는 마음으로 하루를 맞았다. 열심히 준비했으니, 결과가 다르게 나오면 다시 고치면 된다고. 그렇게 조금씩 앞으로 나아가자고.

우리는 남들이 선뜻하지 않는 특이한 선택을 했을 뿐 세상의 기준으로 보자면 평범 그 이하인 사람들이다. 공부도, 직장도, 가정 형편도 중간 이하에 속한 대한민국 출신의 평범한 유학생 출신들이다.

우리가 다른 사람들과 조금 다른 점이 있다면 열심히 계획한 것들을 실제로 실행했다는 점이 아닐까? 어떤 선택, 어떤 행동을 할 때 매순간 두려움은 컸으나 우리는 각자의 인생에서 가장 멋진 사람이 되기로 했고 그걸 지켜가고 있다.

우리가 생각하는 인생에서 진정 멋진 사람은 자신이 원하는 것을 잘 알고, 그것에 도전하는 용기 있는 사람이다. 돈과 위치를 떠나서 스스로 부끄럽지 않은 멋진 사람이 되기 위해 나아간다는 점에서 스스로 뿌듯하다.

이렇듯 열정을 품고 자신감 있게 '자기 일'을 하는 습관은 하루아침에 만들어지지 않았다. 단비가 옷에 스미듯 서서히 만들어진 모습이다.

우리는 서로를 바라보며 무엇엔가 몰두하고, 최선을 다하는 모습, 한 직장의 사장, 한 가정의 가장으로서 성장하는 모습을 곁에서 바라보며 서로 뿌듯해 한다. 그리고 경쟁하듯 서로 성장하려 하고 그렇게 서로가 서로를 닮아간다.

07

조금만 비틀어 적용하면 매출이 급상승한다

난 "왜?"라고 묻는 게 너무 좋다

내가 가장 좋아하는 영어단어는 'Why'다. 다른 사람은 당연하게 받아들이는 것들을 끊임없이 "왜?"라고 질문을 던지는 게 참 재밌다.

"왜 안 된다는 거지?"

"미국 사람들은 왜 소스를 좋아하지?"

"다른 나라 음식은 에피타이저가 있는데 왜 한국 음식은 없지? 에피타이저로 뭐가 좋지?"

난 내가 납득하지 못하는 것들을 그대로 수긍하지 않는다. 수만 가지 질문을 답이 있든 없든 계속 던진다. 그러다 보면 '왜?'라는 질문 속에 어느 순간 욕구를 샘솟게 하는 것들이 튀어나온다. 그럼 곧바로 해본다. 그러다 보면 생각지도 못한 재밌는 아이디어들이 떠오르곤 한다.

이것은 정말 중요한 습관이다. 당연한 걸 조금 다르게 비틀어 볼 수 있기 때문이다. 사람들은 '요즘 대세''요즘 유행'에 민감하다. 특히 한국 소비자들은 더욱 그런 경향이 큰 것 같다. 한국 요식업처럼 유행이 빨리 왔다가 빨리 사라지는 나라가 있을까? 하지만 요즘 잘 나가고, 남이 성공했다는 것을 따라할 땐 이미 늦는다. 나 혼자만 그 생각을 하고 있지 않기 때문이다. 내가 생각하는 건 남들도 똑같이 생각하고 있다.

남들과 다른 차별화는 남들이 당연하다고 믿고 있는 그 생각을 뒤집어서 보거나, 다른 각도로 바라볼 때 생긴다. 당연히 쉽지 않다. 역발상의 기본은 고정관념을 깨는 거니까. 수동적인 교육방식에 익숙한 우리는 종종 사람들이 당연하게 생각하는 것을 다른 각도로 보면 오히려 별나다고들 한다.

내가 별난 걸까? 별나도 좋다. 난 나의 이런 생각을 스스로 끊임없이 격려한다. 가끔 내 아내는 주제도, 목적도 없이 인터넷 서핑을 하는 날 보고 '여보, 그런 이상한 동영상이 재밌어? 도대체 그런 걸 왜 봐'라고 묻곤 하는데, 난 그 평범하지 않은 것들을 보면서 더 평범하지 않은 아이디어들을 얻는다.

세상에 당연한 것은 없다. 원래 그렇게 하는 것도 없다. 그런데 잘

한다고 인정받은 것을 그대로 따라 하면 나도 똑같이 잘되겠지 한다. 정말 그럴까? 남들이 잘하는 대로 따라 해서 만들었다는 수많은 식당들과 비슷하게 만들어 팔고, 서비스를 하고, 마케팅을 하는 게 성공하는 길이라면 자기계발서를 읽고 그대로 따라한 사람은 모두 다 성공해야 하는 것 아닌가?

남들이 다 하는 대세를 나도 똑같이 하면 덩달아 대세가 될까? 이 시대의 대세는 남들이 다 하는 걸 똑같이 하는 게 아니다. 같은 것도 무엇인가 달라야 성이 차는, 평범함을 거부하는 사람이야말로 한 번이라도 더 돌아보게 하는 힘이 있다.

특히 경쟁의 천국인 나라에서 살아남으려면 웬만한 반항 가지고는 어림도 없다. 남들이 펜을 보고 '글씨 쓰는 것'이라며 당연하게 생각할 때 '이걸 가지고 어떻게 하면 재밌게 놀아볼까?' 궁리하는 재밌고 유쾌한 발상이 필요하다.

그깟 만두라고?
매출 대박의 견인차다!

미국은 음식을 먹을 때 에피타이저 혹은 디저트 문화가 당연하다. 메인 메뉴를 먹기 전에 반드시 에피타이저를 먹는다.

처음 5개월간 메인 음식 4가지를 만들어 팔 때도 반응은 좋았지만 에피타이저 문화가 당연한 미국 외식문화에선 부족한 느낌이 있었다. 무언가 미완성인 기분이었다.

"어떻게 해야 쉽고, 간단하고, 부담 없는 가격으로 누구나 사먹는 에피타이저를 만들 수 있을까?"

"그러면서 한국적이기도 해야겠지?"

컵밥은 7.5달러(한화 약 8,300원)부터 가격이 시작하기 때문에 2달러 이상의 고급 에피타이저는 어울리지 않는다. 부담 없는 가격으로 한입에 먹을 수 있는 것, 작은 선물 같은 기분 좋은 음식. 계속해서 묻고 또 물은 질문의 끝에 퍼뜩 머리에 한국에서 선물 같이 받던 바로 그 음식이 생각났다. 바로 만두다.

한국에서 중화요리집에서 음식을 시키면 흔히 덤으로 군만두를 준다. 큰 음식은 아니지만 받으면 기분이 좋고, 속이 가득 차 깨물면 내용물이 터져 나오는 만두는 예쁘게 포장된 선물과도 꼭 닮았다. 게다가 만두는 미국 사람들이 좋아한다고 이미 증명된 메뉴이기도 했다.

지금 우리 고객들에게는 메인 메뉴 이름만큼 '만두'라는 이름이 익숙하고, 모든 스토어와 트럭 고객 3명 중 1명 이상이 만두를 주문할 만큼 인기가 높다. 다른 미국 레스토랑에선 'potsticker(군만두의 미국 명칭)'라고 부르지만, 컵밥에 오는 손님들 대부분은 한국말로 '만두'라고 주문한다.

만두는 현재 컵밥의 홍일점이다. 홍일점이 고작 만두라니, 실망스러울지도 모르겠다. 하지만 이 만두가 우리 매출의 견인차가 된 데는 다른 이유가 있다. 미국의 다른 중식당이나 한식당에서도 만두를 팔고 있지만 우리의 만두는 좀 특별하기 때문이다.

당장의 고민도 혁신 못하는데
먼 미래를 혁신할 수 있을까?

'만두를 어떤 방식으로 팔지?'

온갖 종류의 만두를 구워보고, 쪄보고, 튀겨보니 튀겼을 때 겉은 바삭하고 속은 육즙이 풍부해서 가장 식감이 좋았다. 그런데 문제가 있었다. 우리 트럭 안에는 튀김기가 없다. 튀김기 하나 설치하는 게 큰 문제는 아니지만 만두를 튀기는 데는 시간이 너무 오래 걸렸다. 그러면 무조건 30초 안에 손님 손에 음식을 쥐어준다는 우리의 '30초 전략'을 실행할 수 없었다. 현장에서 직접 튀기는 대신 음식을 준비하는 커머서리에서 미리 튀긴 뒤 파는 장소까지 최대한 따듯하게 유지해 나가서 트럭 그릴에서 다시 굽는 방식을 택했다.

하지만 튀김 음식을 맛있는 상태로 유지하는 건 결코 쉽지 않았다. 공기가 있는 곳에선 한 두 시간만 지나도 만두가 딱딱하게 굳어버렸고 그렇다고 튀긴 뒤 바로 뚜껑을 덮어버리면 기껏 튀긴 만두가 눅눅해져 버렸다.

한국은 에피타이저를 먹는 문화가 없지만, 미국에선 에피타이저 문화가 당연하다. 부담 없는 가격으로 한입에 먹을 수 있으면서도 선물 같은 음식을 에피타이저로 만들고 싶었다. 조그마한 만두가 매출을 급 상승시킬 줄은 상상하지 못했다.

그러던 중 어느 날 점심 서빙을 나가서 만두를 팔려고 그릴에 구 웠는데 너무 딱딱해서 손님에게 도저히 팔 수가 없었다. 차갑게 식 어서 굳은 만두를 손님들에게 내는 건 예의가 아닌 것 같았다. 서비 스로 주기도 미안할 정도였다.

사업을 하다 보니 지금까지 우리가 쌓은 자산은 여러 가지 실패와 잘못된 선택이라는 걸 깨닫는다. 실패를 할 때마다 포기했다면 지금 여기 있을 수 없다.

"에이! 앞으론 만두는 직접 트럭에서 튀길 수 있는 게 아니면 그냥 팔지 말죠. 배도 고픈데 이건 그냥 우리가 먹어치웁시다."

하지만 막상 딱딱하게 굳은 만두를 먹으려고 보니 나조차도 식욕이 돌지 않았다. '굳은 만두를 부드럽게 먹을 방법이 없나?' 하고 궁리하던 중 돼지불고기 국물이 자글자글 끓고 있는 게 눈에 들어왔다. 달큰한 돼지 불고기 국물을 만두에 듬뿍 적시고 매콤한 컵밥 소스를 위에 뿌렸다. 그렇게 한입을 먹는데, 아뿔싸!

"이거 한번 먹어봐요. 이렇게 먹으니까 완전 맛있어요!"

"아까 그 만두 맞아?"

소스의 매콤한 맛이 입맛을 돋우면서도 바삭함은 남아 있고, 만두 속의 짭짤한 고기가 매운 돼지불고기 국물과 합쳐지니 맛이 기가 막혔다. 불고기나 제육볶음을 먹고 남은 국물에 밥을 비벼먹으면 얼마나 맛있는지 누구나 알 것이다. 만두도 마찬가지였다. 달콤하고 짭짤하고 매콤한 맛을 음미하면서 만두를 크게 한입 씹으면 속에 가득 찬 육즙이 터지면서 조화가 훌륭했다.

망설일 이유가 없었다. 다음날부터 당장 만두를 팔기 시작했다. 반응은 냄비 속에 끓고 있는 불고기보다 더 뜨거웠다. 말 그대로 불티나게 팔렸다. 만두를 그 자리에서 갓 튀겨 파는 프로보 지점에서는 만두 주문만 하루에 100건이 넘을 정도로 인기였다.

이때 경험한 조그만 발상의 전환은 우리에게 전화위복이라는 선물을 주었다. 남들이 당연하다고 생각하는 것을 뒤집거나 경쟁사가 미처 알아차리지 못한 것을 발상의 전환으로 간파하는 것을 '역발상'이라고 한다. 난 이 '역발상'이라는 단어를 참 좋아한다. 세상이 이미 내놓은 것들을 왜 꼭 사용하라고 가르쳐 준대로만 사용해야 할까? 당연한 건 없다.

책 『정반합』에 의하면 비즈니스 업계에서 최근 몇 년간 대유행한 문구는 '고정관념을 뒤집어라' '생각의 틀을 깨라'였다고 한다.

떡볶이 전문점 죠스 떡볶이의 떡은 보통의 떡볶이 떡과 모양은 같지만 다른 떡볶이집에 비해 크기가 훨씬 작다. 그 이유가 재미있다. 떡볶이집을 찾는 여성 손님들이 많았는데, 입술에 립스틱이나 챕스

틱을 바른 여성 손님들이 일반 크기 떡볶이를 먹을 때 끊어 먹으면 입술에 바른 색이 지워졌다. 죠스 떡볶이에서는 이를 간파하고 한입에 쏙 들어가는 크기의 떡을 개발했다. 똑같은 떡을 가지고도 고객을 배려하는 섬세함으로 떡볶이 떡에 대한 고정관념의 틀을 깬 재미있는 사례다.

당연한 걸 다르게 보는 데서 혁신이 시작한다. 그리고 그 시작은 대단히 멀리 있는 것이 아니다. 크든 작든 바로 내가 지금 당장 고민하는 바로 그 일을 어떻게 다르게 보고 실행할 수 있는지에서 승패가 결정 난다.

내가 가장 잘하는 건 아주 약간 다르게 보고 각도를 비틀고 거기에 다른 것을 조금 넣는 것이다. 난 남들이 생각해보지 않은 시각으로 보고 고정관념의 틀을 깰 때의 그 느낌이 너무나 짜릿하다.

만약 똑같은 방법으로 조리했는데 안 된다며 그냥 멈춰 버렸다면 고작 밥 위에 얹어주는 만두로 매출을 급상승시킬 수 있었을까? 우리가 다른 음식점들처럼 전통 불고기, 전통 돼지 불고기, 전통 닭 불고기, 전통 잡채를 만들고 평범하게 서빙하는 방식을 따랐다면 지금처럼 덩치를 키울 수 있었을까? 독특한 서비스를 하는 음식점이 될 수는 있었겠지만 차별화된 음식이 되지는 못했을 것이다.

우리는 노량진 컵밥에서 아이디어를 얻어 여기까지 왔다. 노량진 컵밥 오리지널 그대로만 머물렀다면 우린 우리만의 색깔을 가지지 못했다. 우리도 모방을 창조의 재료로 쓴 셈이다. 하지만 분명한 건

모방은 단지 재료가 되어야 한다. 그리고 그 재료를 어떻게 쓰냐에 따라 오리지널보다 몇 배 더 훌륭한 결과물이 나올 것이다.

2부

어떻게 그들이 원하는 걸 팔 수 있을까?

: 머리가 아닌 마음과 진심을 울렸던 마케팅 비법

01

주변에 절대 없는 유일함을 어떻게 만들까

전략 1.

무조건 30초 안에 내라

잘 갖춰진 레스토랑에 갈 때 당신은 무엇을 바라는가? 정갈하고 잘 차려진 한 끼 밥상을 천천히 음미하며 정성껏 대접받고 싶을 것이다. 같은 업종, 같은 상품이라 하더라도 사람들은 똑같은 기준과 기대치를 적용하지 않는다. 가격과 브랜드, 위치와 상황 등 각기 다른 기준점을 토대로 최종 결정을 한다.

사업을 시작하기 전 다른 푸드트럭들을 조사하면서 매우 불편한 점을 발견했다. 손님들이 푸드트럭 앞에 서서 적어도 5분을 기다려야 음식이 조리되어 나오고 길게는 10분 이상씩도 걸렸다.

레스토랑이야 사람들이 앉아서 음식을 기다리기 때문에 손님의 기다림이 덜 불편할 수 있지만 푸드트럭은 더운 여름이나 추운 겨울에 어디 갈 데도 없이 밖에 서서 기다려야 한다. 그런데 10분 이상을 기다리게 하다니. 그 시간이 너무나도 길고 지루해 보였다.

시간을 줄여야 했다. 손님을 마냥 5분이고 10분이고 밖에서 기다리게 하기 싫었다. 그래서 처음 메뉴를 정할 때 세운 기준들 중 매우 중요한 것 중 하나가 바로 '속도'였다.

특히 미국에서는 점심시간을 이용해 푸드트럭 음식을 사먹는 사람들이 아주 많다. 멀리 갈 필요도 없이 간편하게 사 먹을 수 있기 때문이다. 점심 때 가능한 한 많이 파는 게 중요했는데, 시간이 많이 걸려서는 몇 그릇 팔지도 못하고 아까운 점심시간을 모두 보내버려야 한다.

다른 푸드트럭과의 경쟁에서 획기적으로 짧은 시간을 어필하려면 분 단위가 아니라 초 단위로 승부를 해야 승패가 확실히 갈릴 것 같았다.

"1분도 길다, 무조건 30초 안에 내자."

이렇게 탄생한 것이 '30초 전략'이다. 우리는 컵밥 하나를 만들고 제공하는 데 30초 걸린다. 다른 푸드트럭들은 조리해서 내는 시간이 길다 보니 점심시간 내내 아무리 많이 팔아도 100개 정도 판다. 하지만 우리는 최대 450개에서 500개까지 쉽게 팔 수 있다.

줄이 길어도 빨리 빨리 음식을 받을 수 있으니 손님들은 긴 줄을 보고도 기꺼이 줄 뒤에 선다.

유타의 모든 푸드트럭들을 모아 어떤 트럭이 가장 많이 파는지 경쟁하는 시합인 푸드트럭 페이스 오프Food Truck Face-off에서 2시간 30분 만에 800그릇이 넘는 음식을 팔며 기록을 세우고 1등을 할 수 있었던 것도 30초 전략 덕분이다.

전략 2.
방법을 가리지 말고 고객들을 즐겁게 하라

음식을 잘하는 사람들은 굉장히 많다. 하지만 어떻게 서빙하는지 모르는 사람들이 더 많다. 기껏 맛있는 요리를 만들어 놓고도 맛있게 서빙하지 못하면 기분도 맛도 떨어진다. 아무리 멋진 프로젝트를 가지고 있어도 고객에게 제대로 어필하지 못하면 절대 수많은 경쟁사를 뚫고 선택될 수 없다.

나는 좀 덜 팔아도 되지만 꼭 100% 소통하는 요식업을 만들고 싶었다. 음식을 통해서 사람과 소통할 수 있다면 좀 덜 맛있는 음식을 먹더라도 소통할 수 있는 곳에 가는 것이 미국 사람들이라는 걸 잘 알았기 때문이다.

우리는 조용할 날이 없다. "콤보" "엑스트라"를 외치며 큰 목소리

다른 푸드트럭들은 5분씩 걸리더라고요.

"우리는 무조건 30초 안에 내자."

1분도 손님을 기다리게 하고 싶지 않았어요.

로 주문을 받고 직원들에게 주문을 전달하며 분위기를 띄우기 때문이기도 하지만 매일 벌어지는 이벤트 때문이기도 하다.

쿠폰을 주는 이벤트를 열고, 음악소리에 맞춰 춤을 춘다. 손님들과 말로만 소통하는 게 아니라 몸으로 부대끼면서 진심을 전달한다.

좋은 음식을 파는 것뿐만 아니라 우리들의 활기찬 기운을 손님들에게 전하고 손님들도 참여하기를 바란다. 부대끼며 소통하는 힘, 우리의 추진력이다.

전략 3.
미국은 돈 낸 만큼만 준다고? 고정관념을 깨라

이웃도 사촌이라고 부를 수 있는 한국의 문화엔 '정'이 있다. 우리의 핵심 문화도 바로 이 '정'에서 시작했다.

수십 수백 개의 음식점들이 똑같이 하는 마케팅을 따라 해봤자 고객은 잘 알지도 못하는 한국 음식을 굳이 선택하지 않는다. 그렇다고 번번히 쿠폰을 주면서 공짜로 먹기 시작한 음식은 나중에 제값 주고 먹기 싫어지는 법이다.

음식을 사면 꼭 정량만 주는 미국에서 우리는 고정관념을 깼다. 얹어주기 서비스, 일명 '덤'을 시작했다. 음식을 추가로 듬뿍 얹어 건네주는데도 연신 싱글벙글하는 우리를 보며 미국 사람들은 좋아하면서도 놀란다. 돈은 추가로 한 푼도 내지 않았는데 음식을 공짜로 더 얹어주는 특이한 서비스가 마음에 든 손님은 지인을 데리고 또 다시 방문한다.

자선사업가가 아닌 이상 이윤을 남겨야 하는 사람이라면 '상대에게도 내게도 유리한 퍼주기'를 잘 택해야 한다. 우리는 돈은 한 푼도 받지 않지만 맨입으로 덤을 주지는 않는다.

"이건 잡채라고 하는데 고구마 전분으로 만든 거예요. 밀가루 면보다 칼로리가 낮고 소화도 잘돼요. 무엇보다 고구마 전분으로 만들었는데도 고구마 맛은 전혀 안 나요. 정말 맛있는데 공짜로 조금 줄 테니까 먹어볼래요?"

"매운 거 좋아해요? 돼지 불고기가 있는데 같이 섞어 줄 테니 먹어봐요."

"만두 먹어 봤어요? 내가 서비스로 한 개 올려 줄 테니 먹어봐요."

덤으로 주면서 한 번도 경험해보지 못한 음식을 편하게 시도해볼 수 있도록 유도했다.

만두를 줄 때도 평범하게 그냥 주지 않는다. 컵밥은 빨리빨리 서비스해야 하는 익스프레스 음식이므로 바쁠 때는 에피타이저로 만두 먹겠냐고 일일이 물어볼 짬이 없다. 그럴 땐 만두 하나에 소스를 맛있게 얹어 트럭 밖으로 몸을 쭉 뺀 다음 뒤에 서 있는 손님들과 지나가는 주변 사람들까지도 들을 수 있을 만큼 큰소리로 "아~ 해봐요!"라고 말하곤 입에 만두를 쏙 넣어준다. 그 장면을 본 사람들은 만두를 사먹을 가능성이 높아진다.

공짜 시식 하는 데는 많다. 미국도 주말이면 코스트코 같은 대형 마트에서 한국의 마트들처럼 직원들이 곳곳에서 제품 홍보를 하며 공짜 음식이나 디저트를 나눠준다. 하지만 우리는 그런 마트식 공짜와는 다르다.

마트의 시식회는 누구나 먹을 수 있기 때문에 음식은 공짜지만 감동을 받지는 않는다. 음식을 받는 사람이 특별하게 대접 받는다는 느낌을 함께 얹어주어야 한다.

'덤' 문화를 미국 직원들에게 교육할 때 우리는 반드시 지켜야 하는 규칙을 만들었다. 첫째, 쉽게 주지 말 것. 주는 게 당연해지면 '오늘은 왜 안 주지?' 하며 기분이 상할 수도 있다. 둘째, 주려면 반드시 명분을 찾을 것. 이유를 찾아 주는 거다. "오늘 스타일 좋아 보여요. 제 맘에 들어서 잡채 엑스트라!" "배고파 보이네요? 얼굴이 홀쭉해요. 엑스트라!" "오늘 생일이라고요? 그럼 생일선물을 안 줄 수가 없죠! 만두 공짜!" 기대하지 않은 깜짝 선물을 받는 것처럼 받는 사람을 즐겁게 해줄 수 있다. 셋째, 기꺼운 마음으로 특별대우를 해주는 것처럼 느끼게 할 것. 기왕 주는 거 최고로 기분 좋게 건네야 한다. 마지막으로 절대 팁을 목적으로 덤 마케팅을 하지 않을 것. 덤으로 주기는 고객이 웃을 수 있고 즐거울 수 있도록 하기 위한 목적이다. 손님 입장에서 꼭 팁을 바라는 듯한 서비스는 결코 용납할 수 없다.

미국에서는 팁 문화가 보편적이라서 네 번째 규칙을 정하기 전엔 직원들의 팁을 바라는 듯한 행동 때문에 오히려 공짜 음식이 부담스럽다는 고객들의 원성을 들었다. 팁을 주지 않으면 눈치를 준다는 거다. 그 뒤 곧바로 모든 직원들에게 팁을 기대하는 서비스를 금지했다.

"공짜로 계속 주면 어떻게 하냐" 하겠지만 단골들은 계속 공짜로 줘도 팁으로 음식 가격만큼 주거나 꼭 한국의 정 많은 사람들처럼 돈을 트럭 안으로 던지고 도망가기도 한다.

사업을 시작한 이래로 가장 훌륭하게 덕 본 마케팅은 바로 이 '덤 문화'다. 더 얹어주는 음식에 익숙하지 않은 미국 사람들은 처음에는 어색해 했지만 시간이 지나면서 '다음번에 오면 어떤 서비스가 기다릴까' 하며 방문을 기대하는 단골손님들까지 생겼다. 세상에 공짜 싫어하는 사람 어디 있으랴! 만두 하나 더 공짜로 받고, 고기 조금 더 얹어 주며 대접해주는 서비스가 손님을 굉장히 기분 좋게 만든다.

전략 4.
돈으로 살 수 없는 가치를 만들어라

미국 사람들은 디자인이 예쁜 티셔츠도 좋아하지만 문구가 마음에

드는 티셔츠를 유독 좋아한다. 우리가 만든 'Shhh… Just Eat'이나 'Eat Cupbop, Poop Gold' 슬로건을 적은 티셔츠와 로고가 들어간 모자를 전 직원이 무조건 착용해야 하는 게 규칙이다. 그런데 어느 날 직원 한 명이 모자를 쓰지 않은 채 일을 하러 왔다. 그 직원은 일한 지 오래 됐기 때문에 모자도 티셔츠도 종류와 버전별로 이미 다양하게 있었다.

"왜 모자를 안 쓴 거죠? 모자는 필수인 거 알잖아요."

그랬더니 직원이 하는 말에 난 웃음을 터뜨리고 말았다.

"모자들을 차 운전대 앞 창문 쪽에 뒀는데, 누가 창문을 깨고 컵밥 모자만 싹 다 훔쳐갔지 뭐예요."

컵밥 티셔츠와 모자는 유타 주 요식업을 통틀어 최고의 굿즈다. 처음 'Shhh... Just Eat!' 티셔츠가 나왔을 때는 오랫동안 '티셔츠 좀 팔라'는 요구가 끊이질 않았다. 100달러(한화 약 11만 원)를 주고라도 살 테니 팔라는 손님도 있었고, 티셔츠를 받기 위해 직원으로 일을 하겠다는 손님들도 있었다. 심지어 직업이 소방관인 한 고객은 모자와 티셔츠가 갖고 싶다며 왕복 5시간을 운전해가며 일주일에 1번씩 몇 달간 함께 일을 했다.

처음엔 '이거 팔면 수입이 꽤 되겠는데?' 하는 마음에 티셔츠와 모자를 팔아볼까 잠시 생각하기도 했지만 바로 거절했다.

"컵밥의 티셔츠와 모자는 수익을 위해 파는 상품이 아닙니다."

손님은 원하는 셔츠와 모자를 살 수 있어서 좋고, 우리는 수익이

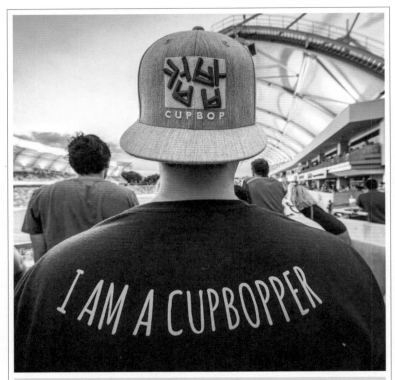

퀄리티 높게 만든 컵밥 굿즈는 인기가 높다. 팔라는 사람이 많고 뒷거래로 얻으려는 사람들까지도 있지만 우리는 절대 굿즈는 돈을 받고 팔지 않는다. 돈으로 살 수 없는 무형의 가치로 만들고 싶다.

더 생겨서 당장은 좋을지도 모른다. 하지만 난 셔츠와 모자를 결코 돈으로는 살 수 없는 가치로 만들고 싶다. 우리는 셔츠와 모자는 단골들에게 선물로만 증정하거나 이벤트를 통해 주는 것을 원칙으로 삼는다.

우려도 있다. 직원이 입는 티셔츠를 팔았을 경우에 우리가 의도하지 않은 방법으로 이미지가 잘못되거나 안 좋아 질 수도 있다. 컵밥 셔츠를 입은 사람이 도로에서 광폭 운전을 한다든지, 주차장에서 다른 사람과 욕을 하며 싸운다면 우리 이미지에 나쁜 영향을 끼치게 된다.

실제로 티셔츠 때문에 오해받는 일들이 있었다. 한 고객이 전화로 다짜고짜 고함을 지르는 거다.

"컵밥 티셔츠를 하나 샀는데 옷에 구멍이 송송 뚫려 있어요, 어떻게 이럴 수 있죠?"

알고 보니 블랙마켓에서 컵밥 티셔츠를 샀는데 받고 보니 옷이 다 헤져 있더라는 것이다. 판매자 이름을 역추적 해보니, 우리 회사에서 일하다 태도 불량으로 해고당한 직원이 티셔츠를 반납하지 않고 온라인을 통해 개인 매매를 한 것이다. 당황했지만 그런 곳에서까지 티셔츠를 사고 싶었다는 마음이 고마워 새 티셔츠를 선물로 주었다.

이후로는 직원이 그만둘 때에도 셔츠와 모자 등 컵밥 브랜드가 박힌 물건들을 회사에 돌려주지 않을 때까지는 마지막 월급을 처리해 주지 않는다는 규정을 만들었다. 우리 회사의 티셔츠를 입고 있는 모든 사람은 우리의 얼굴이나 다름없다.

단돈 5달러(한화 약 6,000원)면 티셔츠는 만들 수 있다. 다른 회사나 가게처럼 인기를 몰아 20달러(한화 약 2만 2,000원)에 팔면 당장은 짭짤한 수익을 볼 수 있을 것이다. 하지만 아무나 살 수 없는 물건으로 만들면 돈으로는 살 수 없는 고객의 마음과 감동을 살 수 있다. 상대는 얻고 싶은 걸 이벤트로 얻게 되어 기분이 배가 되고, 우리는 적은 비용으로 고객의 마음을 사로잡는 마케팅을 해서 좋다. 딱 한 번 한정판 티셔츠를 제작해 드래이퍼 지점 오프닝에 맞춰 판매했을 때도, 판매 수익금은 모조리 어려운 주변 이웃을 위해 기부했을 뿐 이윤이 목적이 아니었다.

돈에 휘둘리지 않고 돈을 지배할 수 있는 사람은 이윤을 넘어선 선한 가치에 자신의 목적을 맞출 줄 알아야 한다. 카페리오를 미국 서부의 대표적인 멕시칸 음식점으로 키워낸 밥 닐슨 회장은 어느 날 만나 나에게 이렇게 말했다.

"내가 요식업을 운영하면서 가장 잘하는 것 중 하나는 비용을 줄이는 거예요. 난 그것을 아주 잘하죠. 필요 없는 낭비를 줄이고 관리 시스템을 만드는 게 내겐 그렇게 어려운 일이 아니라는 말입니다. 그런데 내가 가장 어려워 하는 부분은 그 식당만의 문화를 창조해 그것을 통한 고객만족을 이끌어 내는 거예요. 그건 돈을 이용해 살 수 있거나 식당 시스템 관리를 잘하는 걸로만 되는 게 아니거든요."

음식을 많이 팔아 세일즈를 높이고 상대적으론 효과적인 비용 관리로 수익을 만드는 건 가장 기본적인 사업의 목적에 충실한 자세일지 모른다. 하지만 이윤을 우선순위에 두고 회사의 방침이 돈을 벌기 위한 방향으로 초점이 맞춰지는 건 우리가 이루고자 하는 것과 다르다.

02

결정권을 넘기면
특별함이 생긴다

외국인들의 눈높이에
어떻게 맞출까?

미국 사람들은 음식에 소스를 뿌려 먹거나 찍어 먹는 걸 정말 좋아한다. 식빵엔 다양한 잼, 스테이크엔 A1, 핫도그엔 머스터드와 케첩을 뿌려 먹는다. 패스트푸드는 또 어떤가. 맥도날드, 칙필라, 버거킹 같은 곳에도 적어도 4~5가지의 소스가 준비되어 있다. 유명한 미국식 프라이드치킨 집 '버팔로 와일드 윙즈Bufflao Wild Wings'는 소스의 종류만 20가지가 넘는다. 가히 소스의 천국이라고 해도 무방할 정도다.

미국 사람들의 취향을 가장 잘 파고든 아시안 음식은 바로 일본 스시다. 일본 스시에 익숙한 사람들이 미국 사람들이 먹는 스시를 보면 의아할지도 모른다. 미국 사람들은 롤이나 스시를 먹을 때 대체로 갖가지 색을 띈 다양한 맛의 소스를 잔뜩 뿌려 먹는다. 생선 맛을 즐기는 건지 소스를 즐기는 건지 모를 정도로 많이 뿌리는 것처럼 보이기도 한다. 롤과 스시는 미국 사람들의 취향과 입맛에 맞게 옷을 바꿔 입어 대중화에 성공했다.

스시는 대중화되기에 부족한 부분을 영리하게 채워 넣었다. 우리도 메뉴는 완성했지만 무언가 부족해 보였다. 아이들도 건강하게 먹을 수 있는, 물이 당기지 않는 홈 메이드 음식이라는 점은 좋았지만 "미국인들의 눈높이에 정말 딱 맞을까?" 질문했을 때 확신이 없었다.

그 질문에 방점을 찍은 것이 바로 소스였다. 소스를 즐기는 미국인들을 겨냥해 처음엔 소스 종류를 다양하게 개발했다. 소스는 우리 음식의 상징성을 결정짓는 가장 중요한 특징이다. 여성고객을 위한 핑크 소스, 단 맛을 좋아하는 고객을 위한 불고기 소스, 매운맛을 좋아하는 사람들을 위한 매운 마요 소스와 고추장 소스 등 처음에 개발해 선보인 소스는 대략 8가지 정도였다.

우리가 유명해진 다음 꼭 한번 먹어보고 싶었다며 한국 분들이 먼 길을 종종 찾아오곤 한다. 그럴 때마다 우리는 말한다.

"컵밥은 한국 분들이 기대하는 전통 한식 맛이 아니에요."

소스의 천국이라고 해도 좋은 미국. "어떻게 미국인들의 입맛에 딱 맞는 맛을 찾을 것인가"라는 질문에 마침표를 찍은 건 바로 소스였다. 개발 과정에서 수십 가지 소스를 만들며 레드오션 속 블루오션을 개척하기 위해 차별화를 꾀했다.

당연하다. 컵밥의 기본은 한국 음식이지만 그 위에 미국 문화를 얹어 뿌린다. 컵밥의 기본 양념은 고추장, 간장, 고춧가루가 기본이지만 미국인들에게 친숙한 재료들을 섞어 만들었기 때문이다.

컵밥은 한국문화에서 비롯된 새로운 트렌드이자 퓨전음식이다. 뿌리는 잃지 않되 상대방이 좋아할 수 있는 것을 적용해 새로운 방식을 만들었다. 흔한 요식업의 레드오션 속에도 블루오션을 개척할 수 있는 훌륭한 차별화 요소가 숨어 있다는 걸 배웠다.

취향에 따라
선택의 자유를 주어라

미국 사람들은 자신이 원하는 방식으로 맞춤한 음식을 좋아한다. 예를 들어 메뉴판에 들어가 있지 않아도 다른 방식으로 바꿔 먹거나 자기가 원하거나 원하지 않는 음식을 넣거나 빼서 먹을 수 있도록 주문하기도 한다.

미국 사람들의 창의적이고 자기만의 스타일을 좋아하는 성향을 살린 '선택의 자유'는 샌드위치 프랜차이즈 서브웨이Subway나 피자 프랜차이즈 파파머피스Papa Murphy's 같은 음식점에서도 볼 수 있다.

미국에서 가장 많은 지점을 보유하고 있는 샌드위치 프랜차이즈 회사 서브웨이의 가장 큰 특징은 다양한 고객층의 입맛 확보를 위해 샌드위치 속에 들어가는 재료의 선택권을 고객에게 주었다는 점이다. 피자 프랜차이즈 파파머피스도 고객이 원하는 도우부터 넣고 싶은 야채까지 직접 고르게 해 집에 가져가 구워먹는 식인데, '자기가 좋아하는 대로 골랐기 때문에 입맛에 조금 안 맞아도 불만 제기는 못 하겠다'는 말을 우스갯소리로 하곤 한다.

우리는 성공한 그들의 '선택 방식'을 적극 적용했다. 컵밥 위에 끼얹는 소스를 고객이 각자의 입맛에 맞도록 선택할 수 있게 했고 반응도 아주 좋았다. 무엇보다 다양한 소스의 색깔이 고객들의 궁금증을 자아냈고, 호기심과 흥미를 이끌어 냈다.

직접 토핑을 고를 수 있는 피자 프랜차이즈 파파머피스의 방식은 자기만의 스타일과 맛을 즐길 수 있다. 국내에도 진출해 인기가 높은 샌드위치 전문점 서브웨이 또한 직접 토핑을 고르는 방식으로 사랑을 받는다.

그런데 예상치 못한 문제가 발생했다. 음식은 빨리 나오는데 낯선 소스에 대한 호기심 때문에 질문을 하느라 시간을 너무 허비하게 됐다. '이 소스에는 뭐가 들어 있냐, 이름은 뭐냐, 어떤 맛이냐' 하며 자세히 물으니 음식 담는 시간보다 소스 뿌려주는 시간이 배로 걸렸다. 그러던 중 사람들이 공통적으로 가장 많이 물어보는 질문의 핵심 한 가지를 잡아냈다.

"이거 얼마나 매워요?"

"전 매운 거 전혀 못 먹어요."

"전 매운 걸 사랑해요. 뭐가 매운 거예요?"

사람들은 얼마나 매운지를 중심으로 물어봤다. 나는 질문을 바꾸기 시작했다.

"1부터 10까지 얼마나 맵게 해드릴까요?"

이렇게 질문을 바꾸고 나서부터는 짧은 영어로 소스 종류를 설명하던 시간이 훨씬 줄어 음식 서빙도 수월해졌다. 그리고 단맛에서 매운맛까지 낼 수 있는 소스만 남긴 채 다른 불필요한 소스는 없앴다.

나는 이 소스로 고객들을 좀 더 재밌게 해주면 좋겠다는 생각이 들었다. 그래서 소스 맵기 레벨을 딱 떨어지는 정수로만 대답하는 고객들에게 장난을 걸기 시작했다.

"소스 7로 주세요."

"7.5는 어때요? 아니면 7.58? 아니면 7.59?"

생각지도 못한 대답에 처음엔 당황했지만 결국 재미있다며 그 유머를 정말 좋아했다.

"하하하. 그럼 7.59로 주세요."

"오케이. 절 믿어 봐요. 자, 8소스에 마이너스 0.41소스. 여기 있습니다."

소스 숫자 가지고 하는 유머의 가장 큰 장점은 많은 영어가 필요치 않다는 거다. 숫자만 가지고도 손님과 대화가 된다. 소스에 특이하게 매겨진 숫자는 처음 컵밥을 먹는 손님들에게 재밌다라는 인상

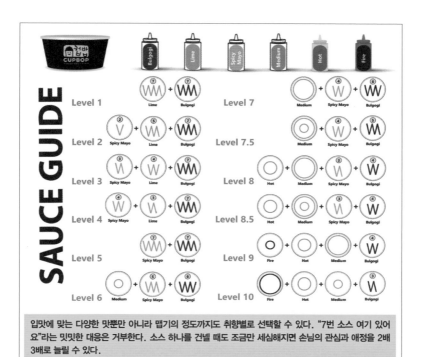

입맛에 맞는 다양한 맛뿐만 아니라 맵기의 정도까지도 취향별로 선택할 수 있다. "7번 소스 여기 있어요"라는 밋밋한 대응은 거부한다. 소스 하나를 건넬 때도 조금만 세심해지면 손님의 관심과 애정을 2배 3배로 늘릴 수 있다.

을 주었다. 그렇게 단골이 된 손님들이 소스 숫자로 먼저 "오늘은 7.59로 만들어 줘요."라면서 장난을 걸기도 했다. 그럼 우리는 기꺼이 그런 손님의 장난에 응했다.

"자, 소스 7에 0.5를 더하고 다시 0.09를 더하면 완성! 만족하나요?"

하며 꼭 그 숫자에 맞춰 응답해 주었다. 언제부턴가 소스 7.5가 컵밥을 대표하는 소스 번호가 되었다. 이젠 소스 7.5를 아는 단골 고객들은 컵밥에 대해 이미 잘 안다는 듯이 당당하게 말한다.

"7.5 소스 주세요."

그러면 "단골이시죠? 7.5 소스를 아는 걸 보니."라고 맞장구 쳐주며 만두나 다른 음식을 덤으로 얹어주곤 하는데, 그럼 손님들은 마치 자신들이 특별한 존재가 된 것처럼 굉장히 좋아하고 뿌듯해 한다.

현지에서 성공한 프랜차이즈의 방식에 그 나라 사람들의 문화와 성향이 녹아 있다. 낯선 것일수록 익숙한 방식을 적용하면 좋다. 배척해야 할 낯섦이 아니라 해보고 싶은 색다름으로 인식될 수 있기 때문이다.

03

문구 하나가
수천만 원을 아낀다

영어를 못해서 다행이야

영어를 못하는 게 장점이 될 수 있을까? 그런 게 장점이 될 리 없다고? 아니, 충분히 될 수 있다.

처음 트럭 장사를 시작하고 우리에게 가장 부족한 것은 정보가 아니라 영어였다. 사람들에게 각인시켜야 하는데 재치 있고 훌륭한 언변으로 화려하게 마음을 훔칠 기술이 없었다. 말이 안 통했으니까. 한국말로는 어디 가서 지기 싫어하는데 말이 안 통한다고 해서 넋놓고 있을 수는 없었다.

짧은 영어로 할 수 없다면 다른 무기가 있었다. 바로 큰 목소리다.

처음 트럭을 몰고 시내 중심가로 장사를 하러 갔을 때 한국 바비큐 트럭을 아는 사람은 단 한 명도 없었다.

길거리에 지나다니는 사람들 중 그 누구도 본 적도 들어본 적도 없는 음식인데 말까지 안 통하니 다른 수가 없었다. "와서 먹어보라" "한국의 놀라운 음식이다" 같은 진부한 말들 대신 한 명이라도 주문을 받으면 "엑스트라" "콤보"를 목이 터져라 외쳤다. 옆에서 다른 트럭에 주문하던 손님들도 깜짝 놀라 돌아볼 만큼 소리를 높였다. 목청은 영어가 안 되도 할 수 있는 거니까.

나는 미국 일식집에서 웨이터로 일하던 시절에도 그랬다. 지금도 부족한 영어가 그때는 얼마나 더 짧았겠나. 그래도 난 손님이 많으면 많은 대로, 손님이 뜸한 날에도 내 나름대로 손님과 함께 놀았다. 이가 없으면 잇몸으로, 영어가 짧으면 내가 잘 하는 다른 걸로 대체하면 된다고 생각했다.

어느 날 저녁 장사 때는, 그날따라 유독 손님이 적어서 하루 종일 일했는데도 5만 원도 벌지를 못했다. 그때는 신혼 초라 단돈 1만 원이 아쉬울 때였다. 다 늦은 저녁 식당 문을 닫기 직전에 여자 손님 두 명이 들어 왔는데 많든 적든 어떻게든 팁을 받고 싶었다. 테이블에 어느 정도 여유가 생겼을 때 예전에 선교사로 봉사할 때 아이들과 친해지려고 배웠던 카드마술 몇 가지를 손님들에게 보여주었다. 카드마술은 별다른 영어가 필요하지 않다. 빠른 손놀림이면 충분하다. 그러자 식당이 난리가 났다. 텅 빈 식당 홀에 꽉 찬 그 함성이란.

난 그런 게 좋았다. 남들은 지나칠 만한 것도 기왕이면 더 재밌게 하는 것. 남들은 굳이 하지 않을 일을 난 굳이 꼭 하는 것. 내 아내는 그런 날 보고 종종 '고집불통 청개구리'라고 부른다. 하지만 그런 조그만 습관들이 어느 순간 준비라도 된 듯 날 자연스럽게 세상으로 끌어준다. 때론 이가 없어서 잇몸이 할 수 있는 게 더 많아지는 법이다.

쉿, 조용
그냥 한 번 먹어봐

처음 먹어보는 손님들은 질문이 참 많다. 어떤 음식인지, 컵에 뭘 담는지, 재료는 어떤 건지 등등 짧은 영어로 제대로 설명하고 있는지도 몰랐다. 영어로 설명을 하면 할수록 점점 대답이 산으로 가는 것만 같았다.

"몇 마디 단어로 백 마디 문장보다 유용한 효과를 줄 수 없을까?"

말보다 빠른 건 뭘까? 바로, 눈이다. 말을 건네기 전에 한눈에 짧은 문구로 우리를 표현하고 싶었다. 휘황찬란하게 쓰인 영어로 슬로건을 쓰면 사람들은 우리가 영어를 잘한다고 생각할게 뻔했다. 영어를 못하는 우리니까 영어를 못하는 그 '장점'이 한눈에 드러나는 슬로건을 만들고 싶었다.

우리를 잘 모르는 사람에게 각인시킬 중요한 문구였기 때문에 며칠 동안 날이면 날마다 닥치는 대로 문구들을 만들었다. 슬로건을 세울 때 기준은 4가지였다.

1. 우리의 캐릭터처럼 웃길 것
2. 친근하게 들릴 것
3. 우리에게 가장 필요한 내용일 것
4. 아무도 안 써 본 말일 것

고급스럽거나 식당을 생각했을 때 뻔히 연상되는 깨끗한 이미지의 슬로건들은 제외시켰다. 그런데 컵밥이 무슨 음식인지 모르는 사람들이 많은 상태에서 무조건 웃기기만 한 슬로건은 음식을 어필하지 못할 테고, 음식 내용 위주로 어필하자니 너무 진지한 슬로건만 생각났다.

게다가 외국인의 입장에서 영어로 만든 슬로건이 원어민에게는 어떤 느낌으로 다가갈지 전혀 알 수가 없었다. 하지만 문구를 만들면 만들수록 의문이 들었다. 우리는 어차피 외국인인데 미국사람 같은 말을 만들 필요가 있을까? 그래서 그때부터 외국인 입장에서의 슬로건들을 생각해 보기 시작했다.

"이거 어때? Shut up, just eat(닥치고 먹어봐)! 우리가 영어로 일일이 설명하기 힘드니까 그냥 묻지 말고 먹으라는 표현으로 말이야."

"SHHH… JUST EAT!" 문구는 외국인인 우리와 생소한 외국 음식을 자연스럽고 재치 있게 표현하면서도 쉽게 각인시킨다. 영어를 잘 못해서 만든 문구가 우리를 대변하는 즐거운 문구로 자리 잡았다.

"음…. 그건 너무 표현이 세지 않나? '닥쳐'라는 표현보다는 조용히 하라는 뜻으로 'Shhh…'가 낫지 않을까? 닥치라는 표현은 좀 예의 없잖아?"

우리의 슬로건 'Shhh… Just eat(쉿, 그냥 먹어봐)'의 효과는 기대 이상이었다. 한국 음식을 전혀 모르는 손님들이 질문 폭격을 쏟아낼 때면 우리는 슬로건이 적힌 티셔츠 가슴팍을 가리키며 딱 한마디만 했다.

"Shhh… Just Eat!"

그러자 손님들 반응이 생각 외로 아주 시원했다.

"하하하. 알았어. 그냥 먹어보지 뭐."

새로운 것에 오픈 마인드를 갖는 게 자연스러운 미국인의 문화에 '한번 그냥 먹어봐' 식의 슬로건이 제대로 먹혀 들었다. 우리가 외국인이니 영어로 복잡한 설명을 바라지 말아달란 의미의 이 문구는 우리의 캐릭터를 그대로 드러내 주었다.

영어로 소통하기 힘들어서 만든 이 한마디의 문구가 이제는 우리 회사를 설명하는 문구가 되었다. 밥을 먹으러 온 손님들은 'Shhh…'를 붙여 대꾸하기도 한다.

"Shhh… just give me(쉿… 그냥 줘)."

"Shhh… Just try(쉿... 그냥 시도해 봐)."

'묻지 말고 조용해라'라는 뜻의 'Shhh…'는 어쩌면 손님을 불쾌할 수도 있는 말이었을지도 모른다. 그런데 영어를 잘 못하는 외국인들이 '(유창한 영어로 설명 못하니까) 일단 묻지 말고 한번 먹어 봐'라며 싱글벙글 웃자 손님들이 되레 음식 파는 우리를 배려해 주는 훌륭한 공감을 만들 수 있었다.

슬로건은 비즈니스의 가장 중요한 마케팅 전략 중 하나다. 유명한 대기업은 돈이 많아서 눈에 잘 띄는 커다란 전광판이나 텔레비전 광고를 통해 소비자들에게 브랜드를 각인시킨다. 거대 자본으로 도배를 해야 브랜드를 각인시키는 것이 아니다. 재치 있는 슬로건 하나는 회사의 크고 작음에 상관없이 손님들이 그냥 지나칠 수 있는 순간에 돌아보게 만드는 힘이 있다.

기막힌 슬로건으로 매출 급상승한
칙필레와 지미존스

고속도로 전광판에 붙은 한 슬로건이 굉장히 인상적으로 각인된 적이 있다. 한번 머리에 박힌 그 문구는 10년이 넘은 지금까지도 머릿속에 생생하다.

미국에서 건강한 치킨 버거로 유명한 칙필레Chick-Fil-A의 슬로건 'Eat mor chikin(닭고기를 더 먹읍시다).'이다. 그런데 특이한 건 정교한 3D 젖소가 닭고기를 더 먹자는 글을 들고 있다는 점이다. 소가 닭을 먹으라니 재미있지 않은가? 의외성이 주는 신선한 충격이 머리에 각인된다.

보통 우리나라에서도 삼겹살집에서 돼지가 '맛있다'는 표정을 지으며 돼지고기를 들고 있거나, 닭이 닭고기를 들고 입맛을 다시거나 하는 광고판을 자주 볼 수 있다. 사실 이런 광고는 재미있다기보다는 조금 그로테스크하기도 하다. 같은 종족을 맛있다고 들고 있는 거니까.

칙필레의 대표 캐릭터인 젖소는 1년에 1번 하는 가장 큰 회사 이벤트도 '젖소의 날(Cow day, 젖소 복장을 입고 오면 공짜 음식을 주는 날)'이다. 젖소를 통해서 더욱 건강하고 맛 좋은 치킨을 부각시키는 듯한 이 광고의 효과는 두말할 필요 없이 대단했다.

나는 이 슬로건이 또 다른 의미로 해석되었다. 그 당시에 다른 패

건강한 치킨 브랜드로 유명한 칙필레는 젖소가 들고 있는 의외성 있는 문구 '닭고기를 더 먹자' 광고로 소비자들의 머릿속에 강하게 각인되었다.

스트푸드점들 일부가 원재료도 정확히 모르는 고기를 넣거나 위생 관리가 제대로 되지 않는 고기로 아이들 음식을 만들어 파는 것으로 질타를 받기도 했다. 그런데 인위적인 호르몬 등을 쓰지 않은 정직하고 안심할 수 있는 닭고기에 대한 자부심을 강조하며 판매하던 칙필레는 무턱대고 '건강하다''몸에 좋다'고 광고하지 않고 위트 있게 어필했다. 허를 찌르는 광고와 회사의 정책 덕에 아이들이 있는 부모라면 믿고 안심할 만한 먹거리로 칙필레가 인기다. 좋은 음식을 위트 있게 풀어낸 슬로건 혁명이라고 할 수 있다.

매우 빠른 배달을 몇 마디 문구로 인식시킨 지미존스는 '냄새는 공짜'라는 짧지만 인상 깊은 문구로도 소비자들에게 친근하게 다가갔다.

샌드위치 프랜차이즈 업계에서 선풍적인 인기를 끌며 성장한 지미존스Jimmy John's의 대표 슬로건 '겁나 빠른 배달Freaking Fast Delivery'은 배달원의 격한 운전으로 사회적인 이슈가 되기도 했지만 적어도 지미존스가 빠른 배달서비스에 초점을 둔 음식점으로 부각되는 덴 분명 목적을 이루었다. 빠른 배달에 대한 확실한 각인 덕에 지미존스 매장 전체 판매 중 30% 가까이가 배달에서 나올 만큼 매력적인 광고 효과를 냈다. 가게 유리에 달린 문구 '냄새는 공짜Free Smell' 또한 일단 한 번 보면 그 냄새가 궁금해지면서 '고거 참 재치 있네' 하고 사람을 피식 웃게 만듦으로써 브랜드를 각인시킨다.

광고비 한 푼 안 드는
홍보 비법

'말 한마디가 천 냥 빚을 갚는다'는 말이 있다. 외식업에선 '재치 있는 문구 하나가 수천만 원 광고비를 아낀다'라고 말하고 싶다. 돈을 들이지 않아도 되는 이런 재밌는 문장 하나만으로도 훌륭한 마케팅을 할 수 있다.

단순하고 쉽지만 재치 있는 의미를 포함한 매력적인 슬로건은 내 브랜드, 내 색깔을 대변해줄 뿐만 아니라 사람들의 머릿속에 제대로 각인시켜 훌륭한 마케팅 도구가 될 수 있다. 하지만 무턱대고 잘된 슬로건을 차용해선 안 된다. 자신들의 컨셉, 개성, 문화, 지역환경, 등을 한데 아우르는 말이어야 한다. '모방은 창조의 어머니'이지 '모방이 곧 창조'는 결코 아니다. 다른 슬로건에서 아이디어를 얻는 거야 말릴 사람이 없지만 남의 것을 그대로 베껴 써서는 안 된다.

우리도 마찬가지였다. 주변의 재밌는 슬로건들을 비슷하게 쓸 수도 있었지만, 우리만의 색깔을 드러내기 위해선 우리를 가장 닮은 문구가 필요했다. 그것을 만들어 내려고 내적으로 외적으로 계속해서 노력했다.

세상엔 똑똑한 사람이 많다. 많은 경우 이성과 지식으로 사람의 능력이 평가된다. 하지만 낭만과 재치로도 얼마든지 성과를 만들고 능력을 인정받을 수 있다. 우리의 슬로건이 단점을 재치 있게 극복하기 위한 투자의 결과물인 것처럼 말이다.

04

못하는 영어는 재능이다

단점을 다룰 줄 알면 불완전함이 감사하다

"영어를 그렇게까지 못하냐, 설마 그 정도냐"고 묻는다면, 당연히 지금은 예전보다 훨씬 낫다. 미국에 산 기간도 제법 됐고 사업도 하므로 말이 안 통하지는 않는다. 하지만 여전히 아내에게 문법을 물어보고, 문자를 보내면서 단어 스펠링을 물어보기도 한다. 6개월짜리 왕복 티켓을 들고 미국에 언어연수과정을 들으러 왔을 때 못하는 영어 때문에 스트레스 받고 집에만 오면 한마디도 입을 열지 않던 내가 어느새 영어로 직장 동료들과 일도 하고, 사업도 하고, 고객들과 농담도 주고받는다.

　조금씩 극복하며 영어를 익히다 보니, 완벽하고 세련된 것보다 어설퍼도 재치 있는 말 한마디가 더 잘 통한다는 걸 깨달았다. 그렇게 서서히 '한국스타일 영어 문장 만들기'에 자신감이 붙었다.

　"어떻게 하면 오는 손님들을 재미있게 해 줄 수 있을까?"

　못하는 영어가 부끄러워 숨는 건 미국에 건너온 첫 몇 개월이었을 뿐, 지금은 어떻게 하면 못하는 영어로 손님들에게 더 재치 있게 말할까 고민하고 타이밍만 맞으면 기다렸다는 듯 재미있는 영어 문장을 반복적으로 사용했다.

　"음식이 맘에 안 들면 돌아와서 내 뺨을 쳐If you don't like it. come back and slap my face."

　이 말을 할 때마다 열이면 열 모두 웃는다. 음식이 맘에 안 들면 돈을 돌려준다는 것도 아니고 뺨을 치라니 황당하다는 식의 웃음이다. 농담 속의 진심이 전해져 웃음을 줄 수 있다면 나는 좋다.

　처음에는 내가 짧은 영어로는 하고 싶은 말을 다 못하니까 유머라도 섞으려고 혼자 시작한 건데 어느덧 미국 직원들까지도 일반적이지 않은 영어 문장들을 따라한다. 이런 문장들은 우리의 구호로 자리 잡아서 멀리서도 이 말만 들으면 누군지 알 수 있다.

　주문을 받거나 분위기를 띄우는 구호들이 있다. 주문을 받는 사람이 주문을 외치면 나머지 사람들은 크게 따라 말한다.

　"콤보Combo!"

"콤보!"

고객이 처음 와서 잘 모르겠다는 말로 시작하면 주문 받는 직원이 "처음 온 고객First Timer!'이라고 외친다. 그러면 나머지 직원들은 처음 왔으니 양을 더 많이 주라는 뜻으로 "엑스트라Extra!"라고 받아친다.

손님이 가장 매운 10단계 소스를 주문하면 직원이 '10번 소스는 뭐지What's number 10?' 하고 외치고 나머지 직원이 '엉덩이에 불나Fire in the hole!'라고 받아친다.

이렇게 구호를 외치면 함께 일하는 직원들의 분위기도 후끈 달아오르며 신이 난다. 구호는 일하는 현장에서의 분위기를 연출하는 훌륭한 도구다. 늘어서 있는 수십 대 푸드트럭 가운데 우리 색깔을 확실히 보여줄 수 있는 마케팅이다.

컵밥의 첫인상은 왁자지껄 시끄럽고 목청이 크다는 거다.

우리는 크루들을 뽑을 때 하나같이 묻는다.

"소리 잘 지를 자신 있습니까?"

우린 마케팅으로 쓸 돈도 없었지만 이런 마케팅이 우리의 색깔이기도 하다. 그리고 멋진 광고판이나 가격을 할인해 주는 것보다 고객의 만족도도 훨씬 높다. 적어도 보고 바로 쓰레기통으로 가버리는 광고지보다 즐거운 인상을 더 오래 남겨준다.

재치 있는 슬로건과 현장 분위기를 살리는 구호는 나라에 국한되지도 않는다. 외국인다운 세련되지 않은 문구가 더 매력적으로 보일

음식을 잘하는 사람은 굉장히 많아요.

하지만 어떻게 고객을 대하는지 모르는 사람이 더 많아요.

100% 소통하는 사업을 하고 싶었어요.

지도 모른다. 때론 실수해서 손님이 간섭해 고쳐줄 정도의 실력이어도 괜찮다. 오히려 그런 점이 손님과 더 대화를 하게 만들어 주기 때문이다.

미국의 소설가 에리카 종이 말하길, '누구나 재능은 있다. 드문 것은 그 재능이 이끄는 암흑 속으로 따라 들어갈 용기다.Everyone has talent, What is rare is the courage to follow the talent to the dark place where it leads.' 라고 했다. 만약 우리가 언어나 외국 문화, 외국의 규칙들을 어려운 벽이라고만 생각했다면, 그래서 도전해볼 만한 용기를 갖지 못했다면, 그 어려움 속에서 더 찬란하게 빛날 개성을 살릴 수 없었을 것이다.

불완전한 영어는 오히려 재능이고 그 재능이 이끄는 황당하고 당혹스런 경험을 배우기 위한 마음을 열면 아주 넓은 가능성이 열린다. 남들 보기엔 열등조건일 수 있는 점을 독특한 재능이라는 시점으로 바라볼 때 비로소 내가 할 수 있는 것들이 생긴다.

만약 당신에게 단점이라고 생각하는 것이 있다면 가만히 다시 생각해 보길 바란다. 그게 과연 장애물만 되는 것일지, 긍정적인 방법으로 쓸 수는 없는지. 만일 정말 넘을 수 없는 산이라고 생각한다면 곧 깨달을 것이다. 쓸데없어 보이는 내 모습도 쓸데가 많다는 것을, 단지 마음가짐뿐이라는 것을 말이다.

"컵밥을 먹으면
황금똥을 쌉니다!"

난 똥이 참 웃기고 재미있다. 더러운 똥이지만 한국에서 똥은 재미있게 변형되어서 많이 쓰인다. 황금 똥은 행운과 부의 의미가 있고, 인사동에는 똥빵이 있고, 초코파이로 똥 모양을 만들어 먹기도 하고, 똥으로 만든 캐릭터도 있다. 똥은 마냥 더럽기보다 유아스러운 면이 연상되어 쉽게 웃을 수 있는 주제가 될 수 있다. 쓸모없다고 생각되는 신체의 찌꺼기가 의미를 가지고 재탄생할 수 있다는 게 참 재미있지 않은가?

건강한 음식을 먹으면 건강한 똥을 싸고, 나쁜 음식을 먹으면 나쁜 똥을 싼다. 음식 먹고 탈이 나면 다시는 먹기 싫어진다. 잘못 먹고 설사라도 하면 그날 하루 종일 무얼 먹었는지 추적하기 바쁘다.

나는 우리 음식을 먹은 사람들이 좋은 똥을 쌌으면 좋겠다. 하지만 '좋은 똥을 쌌으면 좋겠다'고 생각하는 것과 이것을 마케팅에 이용하는 건 다른 차원의 문제다.

"우리 음식 먹으면 좋은 똥 싼다는 의미로 '컵밥 먹고 황금 똥 싸자'를 마케팅에 이용해보면 어때? 우린 건강하고 깨끗한 음식이라는 의미로 말이야."

같이 일하는 크루들에게 똥 이야길 했더니 반응이 그야말로 똥 같았다.

"똥? 밥 먹고 화장실 변기에서 찌꺼기로 나오는 그 똥? 그걸 음식 파는 트럭에 대문짝만 하게 걸자고? 진심이야 지금?"

음식 장사에 똥이라니, 음식 먹고 똥이나 싸라니. 고객들은 도대체 무슨 소리냐는 반응이었다. 좋은 의미를 지니고 있지만 문화 차이 때문에 이해하기에는 너무 힘든 문구였다. 한국에는 귀여운 똥 베개도 있고 똥 빵도 있지만 미국 사람들이 그것을 알 리가 없었다.

"어떻게 하면 이 좋은 의미를 더러움과 별개로 살릴 수 있을까?"

거부감을 없애야 했다. 소셜미디어에 똥이 가지는 한국에서의 의미와 똥 슬로건의 의미를 설명하기 시작했다. 티셔츠 등에는 'Eat Cupbop, Poop Gold(컵밥 먹고 황금 똥 싸자)'라고 대문짝만 하게 적었다.

처음에는 '이해할 수 없다''이상하다'는 반응이 이어졌다. 사람들의 반응을 보며 직원들은 "거봐, 똥은 안 된다니까?" 대꾸했다. 그래도 부정적인 반응만 있는 건 아니었다. '재미있다''재치있다'는 반응도 있었다.

문구는 만들었고, 티셔츠도 입고 있으니 나쁜 반응에 굴하지 말고 될 때까지 해보기로 했다. 손님과 이야기할 틈만 나면 '컵밥은 건강식'이기 때문에 좋은 똥과 연결되는 거라고 설명하고 소셜미디어에 홍보했다.

그러자 사람들이 '컵밥은 건강식'이라는 데 반응하기 시작했다. 처음엔 '이게 무슨 말이지?' 하다가도 하나둘씩 웃으며 이해하기 시

'컵밥을 먹으면 → 황금 똥을 싼다'는 굉장히 한국적인 문구는 똥이 더럽고 지저분한 이미지만 줄 거라는 모두의 예상을 깨고 '건강식'을 재미있고 재치 있게 전달하는 데 성공했다.

작했다. 그리고는 말했다.

"이건 외국인인 당신들만 만들 수 있는 말이에요. 정말 재치 있는데요?"

"미국인이라면 절대 생각지도 못할 문장이에요. 영어인데 미국스럽지가 않잖아요. 재밌는 표현이에요."

처음에는 어색해하던 사람들도 시간이 지나면서 자연스레 휩쓸리듯 우리가 하는 말장난을 즐겼고 되려 이제는 손님들이 이 말을 활용하기도 했다.

'오늘은 너희가 오지 않아 내 황금 똥을 보지 못하겠어!'라며 SNS에 아쉬움을 표현하거나 금요일에 직장 근처로 트럭이 가는 걸 알고는 '이번 주 금요일엔 황금 똥을 쌀 수 있겠어'라는 메시지를 보내왔다. 사람들은 심심찮게 SNS나 메시지로 똥을 즐겁게 언급했다.

이제는 우리보다 더 적극적으로 표현하는 사람들도 생겼다. 농담으로 던진 '황금 똥 싸면 사진 찍어 보내세요'라는 말에 변기를 황금색 호일로 정성스레 덮어서 '컵밥 먹고 변기에 똥을 쌌더니 변기가 황금이 됐네'라며 황금변기 사진을 보내줬다. 이 슬로건 덕에 고객과 좀 더 스스러움이 없어진 느낌이었다. 어딜 가서 이렇게 음식 장사하는 주인과 밥 먹으러 온 손님이 똥 이야기를 스스럼없이 할 수 있겠나.

사람들이 좋아하는 음식, 친절한 서비스만으로는 팬을 만들 수 없다. 기존에 경험해 보거나 상상해 보지 않은 방식으로 접근하면 처음엔 그게 뭔지 모르는 사람들도 결국 더 개성 있는 것을 원하고 기대하게 된다.

고객은 왕이다. 하지만 왕이 원하는 대로 무조건 맞춰만 준다고 훌륭한 왕국이 만들어질까? 참된 신하는 왕에게 더 나은 것도 제안할 수 있다. 상대방이 기대해보지 못한 것을 만들어내는 것이야말로 우리가 추구하는 방향이다.

틀린 문법을 써도 이제는 고치라고 요구하는 손님이 없다. 사람들은 이젠 우리가 하는 거라면 먼저 "That's Cubop way(그게 컵밥 방식이지)."라고 말해준다. 그리고 정 이해가 안 되더라도 괜찮다. 이젠 고객들이 되레 우리에게 먼저 묻는다.

"내가 잘못 이해한 거니? 이게 도대체 무슨 의미야? 이게 한국방식이야?"

05

오늘도 사업이 즐거운 이유

문화를 공부하는
가장 재미있는 방법, SNS

SNS 포스팅 스타일과 댓글, 반응을 보면 그 나라 사람들의 취향과 지역사회의 분위기를 읽을 수 있다. SNS는 단순히 마케팅 도구가 아닌 문화를 공부하는 창구다. 홍보에 쓸 돈이 없어서 SNS를 사용하기 시작했지만 사람을 공부하는 데 뗄 수 없는 방법이 됐다.

중요한 안건이 있을 때면 회사 내부 회의를 통해서만 아이디어를 찾지 않고 SNS를 통해 고객들의 의견을 모으기도 한다. 푸드트럭 장사를 어디서 할지, 가게는 어디에 오픈할지, 개선할 점은 뭐가 있는지, 어떤 새로운 메뉴를 먹고 싶은지 등 크고 작은 결정을 할 때 SNS로 의견을 듣고 결정한다.

새로운 지점을 낼 위치를 정할 때 SNS에서 요청이 가장 많은 도시에 열었더니 매출을 걱정할 필요가 없을 만큼 광고 하나 없이도 첫 달부터 흑자가 났다.

재판 천국인 미국에선 코카콜라 마시고 건강이 나빠져서 고소를 하거나 맥도날드를 먹고 비만이 되었다며 고소를 하는 사람들도 있다. 그런데도 우리 고객들은 음식을 먹다 뼈가 나왔는데도 우리의 비지니스를 걱정하고 조심스레 SNS를 통해 알려준다. 그러니 어떻게 감사하지 않을 수 있을까?

고객과 편안하게 소통할 수 있는 것은 얼마나 큰 행운인지 모른다. 트럭 한 대로 조그맣게 시작해 착실히 성장한 지역 브랜드를 고객들이 애정을 가지고 바라본다는 것을 오롯이 느낄 수 있다.

훌륭한 SNS라는 도구도 때론 너무 의지해 독이 될 수도 있다. 그곳에서 얘기되는 모든 이야기나 피드백들을 필터 없이 모두 수용하려고 하거나 민감하게 반응하면 오히려 사공이 많아 배가 방향을 잃을 수도 있다. 가령 채식주의자 메뉴를 원하는 목소리가 자주 접수되기에 애써 채식주의자 메뉴를 만들었지만 실제론 수익에 도움이 되지 않았다. 인기가 없어 하루 종일 전기솥에 남아 있던 신선하지 못한 음식을 제공해 불만이 생기는 불상사가 일어나기도 했다. 관리해야 하는 재고와 품목이 늘면 비용도 늘고 관리도 어려워졌다.

고객이 항상 맞는 건 아니다. SNS에선 때론 소수자가 가장 큰 목소리를 내기도 한다. 채식주의자이거나 글루텐을 먹지 못하는 등 소수의 성향을 가진 사람들은 음식 선택의 폭이 좁다 보니, 일반 손님들보다 더욱 큰 목소리를 낼 수밖에 없어서 SNS상으론 많은 수 같지만 실제론 그렇지 않을 수 있다.

고객들이 원하는 것들을 중 실현할 만한 의견들을 선정하고 조심스럽게 고려해야 한다. 우린 여전히 SNS를 통해 고객이 원하고 바라는 것들에 대한 이야기도 듣지만 이젠 단순히 고객의 목소리만 수렴하는 것이 아니라 우리의 색깔과 수익과 관리를 같이 고려해서 선택하려고 노력한다.

우리의 무엇이 마니아들을 만들었냐고 묻는다면 우리는 자신 있게 '소통'이라고 대답할 수 있다. 소통은 독특한 마케팅의 뿌리라고 할 수 있다. 그리고 그 소통의 방법에 있어 가장 큰 일조를 한 게 바로 SNS다. 짧은 영어 실력으로 SNS를 관리한다는 것 자체가 결코 쉬운 일은 아니었다. 하지만 계속해서 하다 보니, 소통은 단순한 언어 능력이 아닌 어떤 식으로 얼마만큼 우리의 색깔대로 하느냐에 달렸다는 걸 깨달았다.

SNS에 늘 좋은 반응만 있거나 긍정적인 댓글만 달리는 건 아니지만, 우리를 향한 안 좋은 시선도 숨기지 않고 떳떳하게 대할 수 있는 진정성 있는 소통이야말로 우리가 고객을 대하는 자세다. 그것을 통해 많은 것을 배우고, 우리를 알린 만큼 더욱 책임감도 커진다.

잊을 수 없는 마니아 1:
눈물 콧물 흘린 최연소 열성팬

어느 날 한 손님이 자신의 개인 동영상을 SNS에 올렸다. 3살 남짓
되어 보이는 아이가 자동차 카시트에 앉아 서럽게 울고 있었다. 동영
상 속에 엄마가 울고 있는 딸아이에게 "왜 우는 거니?"하고 물었다.

"매니저가 가버렸어. 떠나버렸어!"

"누가 떠나버렸어?"

"컵밥"

"컵밥? 그래서 우는 거야?"

"응."

이 작은 꼬마 팬이 너무 귀여워서 우리는 웃다가, 사랑스럽다가,
즐겁다가, 뿌듯해졌다. 우리가 이런 대단한 열성팬을 가지고 있었을
줄이야. 소녀의 귀엽고 사랑스러운 마음을 위해 우리는 특별한 이벤
트 아이디어를 하나 생각해냈다. 그 게시물을 올린 부모에게 연락을
해 동의를 구하고 우리 SNS에 동영상 포스팅을 올렸다. 제목은 '이
어린 컵밥퍼가 가장 원하는 것을 얻을 수 있게 도와주세요!'였다. 만
약 이 포스팅이 100개의 '좋아요'와 100개의 '댓글'을 받으면 트럭
을 가져가 아이의 집에서 깜짝 파티를 해주겠다는 미션을 걸었다.

그런데 포스팅을 공유하자마자 SNS에서 난리가 났다. 한 시간도
채 되지 않아서 7,500명이 넘는 사람들이 '좋아요'를 눌렀고, 조건

cupbop ...

컵밥 트럭이 떠나버렸다며 우는 아이의 영상을 부모가 우리에게 공유했다. 영상을 본 우리는 아이를 위한 깜짝 파티를 기획했다.

에 훨씬 넘는 '좋아요'와 '댓글'이 어린 팬을 지지하기 위해 올라왔다. 우리는 기쁜 마음으로 그 아이의 부모에게 전화를 걸어 말했다.

"당신 딸을 위한 특별한 깜짝 파티를 열어 주고 싶어요. 아이의 친구, 이웃, 가족들을 함께 초대해 주시면 좋겠어요."

딸의 사랑스러운 마음 덕에 예상 밖의 선물을 받은 부모는 흔쾌히 요청을 수락했고, 이벤트 당일에 트럭을 가지고 집 앞으로 찾아갔다. 눈을 가리고 부모의 손에 이끌려 집 앞으로 걸어 나온 꼬마 팬은 눈가리개를 뗀 처음에는 수줍고 어리둥절해 하더니 이내 흥분하기 시작했다. 이벤트가 끝나갈 즈음 그 꼬마 팬은 울면서 매니저에게 이야기했다.

"태어나서 오늘이 내 최고의 날이에요."

아이를 바라보며 부모는 말했다.

"지금껏 한 번도 이런 서비스를 받아본 적이 없어요. 평생 잊지 못할 선물을 가족 모두가 받았어요. 고마워요."

그 자리에 초대되어 함께한 모두는 같은 감동을 공유했다. 사업을 하면서 가장 행복한 순간은 바로 우리의 음식을 통해 누군가 행복해하고 즐거워하는 순간이다.

잊을 수 없는 마니아 2:
한파를 뚫고 어린 딸 둘을 데려온 엄마

사업을 시작한 첫 해 겨울이었다. 그날은 날씨가 유독 추웠는데, 11

시 점심 오픈을 위해 시내로 길을 나섰다. 직원 한 명 없던 그 시절 나와 종근이 형 둘이서 부지런히 오픈 준비를 하고 있는데, 한 여자 손님이 시내 한복판까지 어린 여자아이 둘을 데리고 겨울추위를 뚫고 찾아왔다. 거주 지역도 아닌 시내 한복판까지 어린아이들을 데리고 와준 손님의 마음이 너무나 고마웠다.

하지만 문을 열기까지 30분도 넘게 남았고 음식이 따뜻하게 데워지지 않아 당장 팔 수도 없었다. 밖에 서서 기다리기엔 바람이 너무 매서운데다 아이들은 너무 어려 보였다.

급한 대로 바로 옆 건물 안에 잠시 들어가 있으라고 하고 가지고 다니던 히터를 연결해 주었다. 30분 걸릴 오픈 준비를 10분 만에 부지런히 마쳐 음식을 싸 주었다.

그날 저녁, 옐프(Yelp, 식당에 대한 별점과 리뷰를 공유하는 미국 내 최대 사이트. 사람들이 식당을 평가하는 기준이 된다)에 뜻밖의 리뷰가 하나 올라왔다.

"오늘 내 아내는 딸 둘을 데리고 음식을 주문하기 위해 한창 오픈 준비 중이던 그곳에 도착했다. 내 아내가 얼마나 걸릴지 물었을 때 10분 정도 걸릴 거라는 이야기를 들었다. 10분이라면 기다릴 만한 시간이지만 어린 아이 둘을 데리고선 쉽지 않았기에 고민이 되었다. 지켜보던 푸드트럭 주인이 '애들한테 너무 춥죠? 따뜻하게 기다릴 수 있도록 히터를 꺼내올게요.'라고 했다고 한다."

트럭을 타고 가면서 이 리뷰를 읽다가 우리는 그만 감동을 받고 울고 말았다. 우리가 친절하면 고객도 친절해진다. 우리가 따뜻해지면 고객도 따뜻해진다.

우리가 진심으로 대하면 고객도 그 진심을 느낀다. 직업정신으로 택한 친절이었는데, 그 친절을 받은 고객들의 반응들에 어느 순간부터 우리가 더 감동받아 자꾸만 더 친절해지고 싶었다. 그리고 그 진심과 친절이 모든 직원들이 가져야 하는 첫 번째 덕목이 되었다.

잊을 수 없는 마니아 3:
부랑자에게 건넨 돈보다 큰 마음씨

2015년 어느 날 한 고객으로부터 기분 좋은 메시지를 받았다. 그 즈음에 코믹 콘Cominc Con이라는 대형 애니메이션 이벤트가 시내 한복판에서 열렸는데 더운 날씨에도 불구하고 수만 명의 사람들이 이벤트에 왔고 우리도 장사를 하러 참여했다.

그날은 날씨가 너무 더운데다가 이벤트 특성상 새벽부터 주차한 트럭은 저녁까지 하루 종일 머물러야 했기 때문에 트럭 안에 일하던 직원들은 모두 옷이 땀범벅이 되도록 일을 했다. 많이 지쳐 있던 오후에도 긴 줄은 끊이지 않았지만 크루들은 모두 '컵밥!'을 외치며 손님들을 맞이했다.

그때 줄을 서 있던 손님 중 한 명은 옆에 부랑자가 서성이는 걸 봤다. 날씨는 더운데 줄은 길고 짜증이 나서 그 부랑자를 보면서 '좀 옆으로 비켜서지…….' 하는 마음이 들더란다. 그때 창가에서 주문을 받던 우리 직원 중 한 명이 그 부랑자에게 "배고파요?" 하고 물었다. 그 부랑자는 퉁명스럽게 "네, 배고픈데요."라고 대답했다. 직원은 "잠시만 기다려요."라고 대답한 뒤 식사를 한 그릇 만들어 주었다.

이 모든 걸 지켜보던 손님이 감동을 받은 건 밥을 공짜로 대접해서가 아니었다. 배고프냐는 물음에 퉁명스럽게 답했던 부랑자에게 직접 컵밥을 들고 트럭에서 내리더니 차가운 물과 함께 손에 직접 쥐어주는 모습이 감동적이고 충격이었다고 한다. 손님은 잠시나마 짜증을 냈던 자신이 너무 부끄러웠다며 그 직원의 행동을 칭찬하는 긴 메시지를 보내왔다.

직원이 주변에 보이는 누구나 따뜻하게 대하는 이런 일화는 우리와 지역사회가 서로를 잘 받아들여주었다는 걸 의미한다.

잊을 수 없는 마니아 4:
음식값을 대신 지불하겠다는 고객

따뜻한 마음은 고객들에게 되레 배울 때도 많다. 나와 지역 총괄 매니저는 몸이 아픈 매장 직원 대신 함께 일하게 되었다. 그곳은 드라

작은 푸드트럭 한 대로 시작해서 전국 매장 11곳, 스타디움 내 매장 15곳, 푸드트럭 8대, 인도네시아 지점 2곳으로 성장할 수 있었던 건 고객들과의 소통 덕분이다.

이빙스루가 있는 유일한 매장이었다. 어떤 손님이 주문을 해놓고 자동차에 앉아 돈을 내려고 보니 지갑을 안 가져왔다는 거다. 다시 집에 다녀오겠다는 손님을 나는 만류했다.

"괜찮아요. 다음번에 와서 꼭 사먹어 주세요."

그리고 손님에게 밥을 건넸다. 그런데 매장 안에서 그 장면을 유심히 바라보던 한 손님이 우리에게 다가와 말했다.

"난 당신들이 이런 행동이 너무 좋아요. 그 음식 값은 제가 대신 지불해도 되겠어요?"

그러면서 카드를 건네는 게 아닌가. 우리는 음식 값을 받지 않고, 그 가족에게 덤으로 서비스를 주었다. 가난한 학생들이나 직장인들이 음식을 사먹으러 왔다가 은행 잔고가 부족해서 카드 결제가 안 될 때 "다음번에 오면 그때 돈 주세요."라고 말할 줄 아는 직원들의 행동 하나하나는 우리의 자랑이다. 단순히 음식을 친절하게 서빙하는 데 그치지 않고 어느 누구나에게나 진심 어린 마음을 나눠주는 회사가 되고 싶다.

한 직원이 어느 날 말했다. '컵밥을 통해 친절이 무엇인지를 배웠다'고.

"미모의 아름다움은 눈만을 즐겁게 하나 상냥한 태도는 영혼을 매료시킨다."

세익스피어의 말이다. 우리는 단순히 겉으로 보이는 깔끔한 인테리어, 멋진 주방시설을 갖추고 음식만을 파는 곳이 아니다. 받는 사

지역사회 내에서 소신껏 성장해온 우리를 지켜봐 온 단골 고객들은 소송의 천국이라는 미국답지 않게 행여나 우리에게 피해가 될까 봐 지적사항들이 있으면 조심히 우리에게 알려준다.

람보다 주는 사람이 더 감동받는 서비스로 한국의 음식을 통해 정을 경험으로 나눠주는 곳이다. 컵밥을 지금껏 사랑해주는 사람들은 입을 즐겁게 하는 음식뿐만 아니라 우리에게서 풍기는 독특한 정 문화에 함께 매료된 사람들임에 틀림없다.

가게 규모가 커지고 직원 수가 늘어나면서, 때로는 너무 바쁘다는 이유로, 때로는 사람이 부족하단 이유로 친절을 유지하는 게 힘들 때가 있다. 마음으로 하는 서비스를 모든 직원들에게 가르치고 전달하는 게 때론 불가능한 숙제처럼 보이기도 한다. 실패하고 좌절하면서 적당히 하고 싶을 때도 있지만, 우리를 찾아주는 고객들이 있는 한 우린 계속 노력할 것이다.

잊을 수 없는 마니아 5: 지나친 반가움에 일으킨 교통사고

컵밥 티셔츠를 입고 나가면 길거리에서 종종 사람들이 알아보고 반갑게 인사해준다. 장을 보는데 마트에서 만나면 우리 물건을 들어주기도 하고, 지역 명물이라며 자부심을 갖고 응원해 주는 사람들도 있다.

1979년에 출고된, 나보다 한 살 어린 오래된 트럭을 타고 가던 때였다. 고속도로를 달리는데 갑자기 차가 고장이 났다. 갓 길에 트럭을 세우고 견인차를 기다리고 있는데 지나가던 손님이 우리를 알아보곤 창문을 내리고 경적을 울리며 "컵밥!" 하고 반갑게 불렀다. 그런데 손을 흔들며 너무 반가워한 나머지 앞에 정차돼 있는 차를 보지 못하고 앞 차를 박아버렸다. 천만 다행으로 다치지는 않았지만 차 앞 범퍼가 다 날아 가버렸다. 다른 데도 아니고 순식간에 고속도로 위에서 눈앞에 벌어진 상황이라 너무 놀라기도 했지만 이내 너무 미안해졌다. 우린 헐레벌떡 그 손님에게 뛰어갔다.

"괜찮아요? 다친 데 없어요?"

우리에 대한 반가움이 그런 큰 사태를 불러올 줄이야. 너무 미안해하는 우리 모습을 보며 오히려 그 손님이 차에서 내리며 우릴 안심시켰다.

"당신들 잘못이 아니에요. 내가 좋아하다 그렇게 된 건데 당신들이 미안해 할 일이 아니죠. 괜찮아요."

그 상황에 우리가 해줄 수 있는 일은 고작 미안한 마음을 담은 무표 쿠폰 열 장이었지만, 그 손님은 되레 괜찮다는 인사를 했다.

위에 소개한 사례들 외에도 미처 다 소개하지 못한 사례가 수두룩하다. 마지막으로 조금만 더 소개하고 싶다.

유타를 소재지로 한 꽤 큰 규모의 인스트럭쳐Instructure라는 IT회사는 일주일에 한 번씩 전 직원을 위한 점심 케이터링을 하는데, 그 회사 직원 누군가가 컵밥 이모티콘을 만들어 컵밥이 오는 날이면 전 직원에게 그 이모티콘을 보낸다고 한다. 케이터링을 담당하는 직원은 컵밥이 모든 케이터링 중에 가장 인기가 높다며 그 이모지를 보여준 적이 있었다.

리오틴토 축구 경기장엔 시즌패스를 끊은 축구 팬이 매번 40분 넘게 줄 서서 컵밥을 먹길래 '비싼 돈 내고 축구 보러 와선 왜 맨날 줄 서서 컵밥 먹느라 제대로 경기를 못 봐요? 가서 피자랑 핫도그 먹어요.'라고 외치며 핀잔을 주면 '당신이나 피자랑 핫도그 먹어요. 난 컵밥 손에 들고 축구 경기 보는 게 가장 행복해요.'라고 답해 우린 함께 웃곤 했다.

또 어떤 날에는 종잡을 없는 날씨가 갑자기 맑은 하늘에 폭우와 우박을 동시에 엄청 퍼부었다. 우리는 트럭을 가지고 한 이벤트에 참석 했는데 갑자기 쏟아지는 폭우와 엄청나게 큰 우박에 다른 트럭에 있던 사람들은 황급히 자리를 뜨는데 컵밥 트럭에 줄을 선 사람들은 그 거센 비바람에도 트럭 옆에 꼭 붙어 자리를 떠나지 않고 트럭 옆에 붙어 차례를 기다렸다.

푸드트럭 한 대일 때부터 지금까지 우리를 이토록 사랑해 주는 많은 마니아들이 있는데 어떻게 열심히 일하지 않을 수 있을까? 스토어가 열릴 때마다 꼭 방문해 주는 단골들, 실수하면 자기 일처럼 걱정하며 슬쩍 알려주는 사람들이 모두 지금의 우리를 키운 장본인이자 엔돌핀이다.

아무리 바쁘고 땀이 나고 힘들어도 손님을 정성으로 대한 시간과

웃을 여유는 언제든 있다. 이들이 있기에 더 큰 책임감과 조심스러운 겸손함으로 나은 회사가 되고 싶다.

3부

죽을 힘을 다 했는데 왜 실패했을까?

: 망하고, 실패하고, 좌절하고서야 깨달은 것들

01

시도에는 한계가 없고 실패에도 한계가 없다

단 하루라도 실수 없이
지나간 날이 없다

일본의 자동차 회사 혼다의 홈페이지에 들어가면 가장 먼저 혼다 로고와 '꿈의 힘을 믿는다The Power of Dreams'라는 슬로건이 눈에 들어온다. 꿈의 힘이라니, 지나치게 추상적으로 들리는 이 슬로건에는 혼다 창업자 혼다 소이치로의 특별한 경영철학이 담겨 있다. 소이치로는 말한다.

"나는 우리 직원들이 강직한 직원이 되는 것도 좋지만, 자신이 정말로 하고 싶은 것을 생각해서 해보고, 결과가 좋지 않았다면 다음에 그 실패를 기초로 새로운 것을 개발했으면 한다."

꿈과 도전의 기업이라는 타이틀에 걸맞게 혼다에는 '올해의 실패왕'이라는 포상 제도가 있다. 연구를 하다가 가장 크게 실패한 사람을 뽑아 상금 100만 엔을 주는 제도다. 혼다 소이치로는 기술이란 아흔아홉 번의 실패 뒤에 오는 성공이라고 생각한다. 실수하지 않는 사람은 그저 시키는 대로만 하는 사람이며, 혼다는 그런 사람을 필요로 하지 않는다는 게 그의 지론이었다. 혈통, 학벌, 지연을 철저하게 배제하고 이론이 아닌 현장에서의 체험을 가장 중요시 하는 창업자의 철학이 고스란히 반영된 특별한 제도임에 틀림없다.

아무리 노력해도 결코 결과가 항상 좋을 수는 없다. 노력하는 만큼 실수도 많이 한다는 점을 인정해야 좌절하지 않고 끝까지 해낼 수 있다. 우리도 그랬다. 최선을 다하고 있는데도 일이 엇나갈 때는 아픈 마음을 어찌할 수가 없었다. 하지만 실수와 노력의 공통점을 늘 마음에 새겼다. 실수와 노력의 공통점은 둘 다 훌륭한 경험과 노하우를 배울 수 있다는 거다.

거리낌 없이 다가가려 늘 노력했지만, 미국인들의 문화나 스타일을 잘 모르고 실수해서 고객을 잃은 적도 있고, 질타를 받은 적도 많다. 무리하게 웃기려다 호되게 욕을 듣거나 레시피를 개발했지만 반응이 시큰둥해 팔기는커녕 가게 한 군데서 맛보기만 하고 끝난 메뉴도 있다.

우리만큼이나 직원들도 실수가 많다. 단 하루라도 실수 없이 넘어

"컵밥 먹고 황금똥 싸자" 변기에 앉아 음식을 들고 있는 나의 캐릭터. 실수가 두렵고 질타 받는 게 무서웠다면 똥으로 음식을 팔겠다는 생각은 절대 못했을 것이다.

가는 날을 손에 꼽을 정도다. 스케줄에 늦거나, 트럭이 고장 나서 하루 영업을 통째로 날리거나, 음식을 빠트리고 가는 건 다반사고, 심지어는 스케줄을 아예 잊어버리고 펑크 내는 경우도 있었다. 어느

날은 트럭 매니저가 트레일러 문짝을 제대로 닫지 않은 채 운전하고
오다가 도로 한복판에서 날아간 문짝을 발견하기도 했다.

하지만 이러한 실패들이야말로 지금의 우리를 있게 한 소중한 거
름이다. 스케줄 실수로 인해 스케줄을 보다 체계적으로 관리할 수
있는 방법들을 만들었고, 자주 음식이나 물건을 빠트리다 보니 꼼꼼
한 체크리스트를 구체화했다. 메뉴를 개발하고 추가하는 과정 또한
보다 체계적이 되었다.

너무 많은 실수를 해서 주눅 들고 소심해졌을 법도 한데 오히려
우린 실수를 안 했으니 방향이 분명해졌다고 긍정한다.

실패가 실패로 끝났을 때
얻는 것 두 가지

실패가 실패에서 끝나면 두 가지를 잃는다. 하나는 잠재적인 성공
을, 두 번째는 자신감이다. 혼다에서 하는 '올해의 실패왕' 제도 역
시 실패할지언정 자신이 진정 이루고자 하는 꿈에 대한 열정과 노력
을 잃지 않도록 격려하기 위함이다.

그렇기에 오히려 실패는 그 자체보다 그 후에 어떻게 견디고 일어
나는지 그 과정이 중요하다. 그리고 실패한 순간을 빨리 잊어버리려
고 하지 말고 충분한 시간을 갖고 그 실패에 대해 고심할 필요가 있

다. 그 실패로부터 느낀 패배의 감정을 빼고 객관적인 다른 각도로 보는 꾸준한 연습이 필요하다.

선택은 항상 내 몫이다. 실패한 패배자가 될지 실패로부터 더 좋은 걸 얻을지 태도만 결정하면 된다. 운동선수나 춤을 추는 사람들은 한 가지 기술을 연마하기 위해 수백 수천 번 똑같은 동작을 반복한다는데, 세상의 다른 모든 일들도 익숙해지는 덴 모두 똑같은 과정 아닐까? 수없이 연습하고 깨닫고 나아지며 자신만의 방법을 찾아 완성해 가야 한다.

트럭 한 대에서 시작해 이제는 지점을 내고 해외 진출도 했다. 하지만 3년 전보다 매출이 늘었다고 해서 수익이 그만큼 비례해서 늘어난 것은 아니다. 보다 폭넓은 관리를 위한 인건비, 노동법에 따른 보험비 등 지출하는 부분들이 많다. 하지만 이런 과정을 거치지 않고선 앞으로의 발전도 없다.

난 우리 회사가 트럭으로 머물길 원하지 않는다. 모든 건 영원하지 않기에 지금의 인기는 언젠가 시들해질지 모른다. 이윤의 많고 적음을 떠나서 지금 우리가 하고 싶은 것들을 마음껏 펼쳐보며 우리가 가진 아이디어들이 과연 성공을 가져올 만한 것들인지 끊임없이 테스트해보고 싶다. 이런 다짐이 실패를 할 때 더 주저하고 망설이게 하기보단 다음번엔 꼭 성공하고자 하는 원동력이 된다. 그리고 너무나 감사한 사실은 파트너들도 이런 다짐을 적극 지지해준다는 사실이다.

실패는 아파서 싫고 다시 경험하고 싶지 않지만 딛고 일어서는 연습을 반복하며 최선을 다하는 게 중요하다. 도전이든 성공이든 실패든 최선을 다하는 꾸준한 습관이란 씨앗은 자신도 모르게 자란다. 그 씨앗을 긍정적으로 잘 기르다 보면 어떤 환경에서든 꿋꿋이 성장할 수 있는 잡초와 같은 인내의 생명력이 생긴다고 믿는다.

실패에 주눅 들다 보면 모든 것이 스트레스다. 무조건 계속 싫다고만 생각하면 그만둘 확률이 높아지지만, 실패를 최선을 다해 받아들이는 자세를 연습하다 보면 '이 또한 지나가리라'라는 마음으로 스트레스에 좀 더 자연스러워진다.

책을 낸 많은 사람들은 자신들이 이뤄낸 성공담, 꿈, 희망 이야기만으로도 한 권으로도 모자란 듯 보인다. 하지만 평범한 가장으로서 사업을 시작한 우리들은 잘 못한 게 더 많다. 숱한 실패를 빼놓고는 우리에 대해 이야기할 수 없다.

어느 날 길을 걷는데 우연히 아스팔트를 뚫고 나온 잡초를 봤다. 핸드폰을 꺼내 사진을 찍었다. 그 모습에서 투지와 패기가 느껴지고 다른 어떤 꽃들보다 노력이 가상하고 경이로웠다. 아무나 할 수 없는 결정을 하고 결국 그 일을 해내고 마는 잡초. 꼭 내가 되고 싶은 존재를 눈앞에서 보고 있는 듯했다.

어렵고 때로는 꺼려지는 길이지만 우리는 여전히 우리의 미래가 궁금하다.

"지금 흘린 땀이 10년 후 나의 명함을 바꾼다."

매일 아침 마음에 새기는 말이다. 우리의 꿈과 도전뿐만 아니라 실패 또한 우리에게 한계가 없다.

02

유혹을 이길 수 있는 원칙이 있는가?

원칙이 있어도 흔들린다, 수도 없이!

사업을 하다 보면 수많은 작고 큰 유혹들이 온다. 지금이야 무조건 원칙을 지키자는 주의지만 초기에 이리저리 참 많이도 흔들렸다. '줄일 수 있으면 줄이고 피할 수 있는 건 피하는 게 좋지 않겠어?'

　이런 얄팍한 생각으로 오늘은 여기로 내일은 저기로 기준을 이리저리 옮겨가며, 그걸 융통성이라 불렀고 그것이 효과적이라고 말했다. 제대로 갖춰진 조리 시설에서 음식을 만들어야 한다는 푸드트럭 규정을 대수롭지 않게 생각하고 집에서 음식을 만들다가 위생국에 걸렸을 때, 오히려 떵떵 큰소리치며 "조리 시설보다 우리 집이 더 깨끗한데요?"라며 말도 안 되는 대처를 했던 건 원칙 없는 융통성의 결과였다.

일요일은 사장도 직원도 쉬는 날이라고 기준을 세워놓고도 큰 행사나 축제가 열리는 장사 대목이나 이름 있는 고객들에게 이벤트를 요청받을 때면 순간순간 마음속에 일어나는 충동을 이기기가 어려웠다.

'이번 한 번은 괜찮지 않겠어?'

'에이, 오늘 하루쯤이야.'

유혹은 처음부터 크게 오지 않는다. 가랑비에 옷 젖듯 천천히 처음 세운 기준을 무디게 만든다. 그래서 그냥 기준을 세우는 것으론 안 된다. 보다 명확하게, 분명히, 그리고 확고하게 정하지 않으면 다른 사람과의 타협은 말할 것도 없고 결국 나와의 타협에서도 우습게 지고 만다.

장사가 제법 잘되던 어느 날에 문득 이런 생각이 들었다.

'내가 하고 싶은 건 돈 잘 버는 장사였나? 내가 사업을 통해 하고 싶은 건 뭐지? 내가 추구하는 소신은 뭐지?'

난 돈만 버는 장사보단 남들이 존경하는 일이 하고 싶다. 난 이 사업을 통해 나뿐만 아니라 함께 일하는 사람들과 더불어 행복해지고 싶다. 그리고 절대 내 스스로에게 부끄러운 행동은 하고 싶지 않다. 이렇게 스스로 문답을 하다 보니 우리가 가야 할 길이 분명히 보였다. 그렇게 세운 원칙으로 인해 갈등이 있을 법한 선택들도 오히려 쉬워졌다.

첫 번째 원칙,
꼼수 부릴 시간이 있으면 정직함에 목숨을 걸어라

원칙 1-1 불법은 결코 안 된다

사업을 시작하며 가장 급하게 해결한 게 바로 신분이다. 우리는 모두 처음에 유학생 신분으로 왔기 때문에 나를 제외한 다른 두 파트너들은 유학생 비자였다. 준법정신 투철한 지형이는 사업을 하기로 했을 때 가장 먼저 서두른 게 신분이었다. 유학생 비자로는 일하는 것 자체가 불법이고, 세금 문제, 경영문제 어느 것 하나 떳떳하게 할 수가 없다. 그래서 나를 제외한 두 명의 파트너들은 E2라는 소액 투자 신분으로 바꿈과 동시에 영주권 신청을 했다. 그렇게 일도 세금도 합법적으로 해결할 수 있었다.

원칙 1-2 위생 관리를 철저하게 한다

꼼수를 부리려다가 위생국 법을 어겨 장사를 한 달 동안 접는 경험을 한 이후로 우리의 모든 트럭과 가게들은 위생국이 제시하는 모든 기준에 부합하기 위해 체크리스트가 수십 가지든 수백 가지든 간에 항상 꾸준히 체크한다. 사람 입으로 들어가는 음식에 대한 미국의 규정은 엄격하고 엄중하다. 그리고 그런 수많은 규정들을 엄수하며 끊임없이 직원교육을 하면서 음식사업의 가장 기본이 되는 건강하고 기준에 맞는 음식 준비 과정과 서빙 방법을 중요한 원칙으로 삼고 분명히 지키게 되었다. 아이도 먹고 어른도 먹고 아픈 사람도 먹으니 당연히 가장 까다로워야 한다.

원칙 1-3 세금 보고시 꼼수를 부리지 마라

푸드트럭으로 축제 같은 이벤트에 나갈 땐 카드보다는 현금이 많이 들어오기 때문에 현금을 그대로 보고하지 않는 사람들도 있지만, 우리는 들어오는 모든 금액을 POS(금전 등록기)에 기록하고 은행에 들어오는 돈과 POS를 비교하고 확인해서 정확하게 세금을 낸다. 사업을 시작한 초기엔 세금을 줄이고 싶은 얄팍한 유혹도 많았다. 이미 사업을 해본 제삼자들의 많은 조언들에 솔깃했다. 버는 수익의 30% 정도를 회사 세금으로 내고 남은 금액을 개인 소득으로 가져와도 개인 소득세까지 따로 내고 나면 죽도록 일한 나의 땀과 노력의 대부분이 세금으로 날아가는 것만 같아 불만이 많았던 때도 있었다. 투덜거리다 어느 날 사업 초창기부터 함께해온 회계사님과 대화를 했다.

"세금 좀 어떻게 줄일 방법 없을까요? 버는 돈을 세금으로 내는 건 내는 거지만, 그래도 좀 더 비용으로 돌릴 수 있다던가, 기부를 한다던가……."

한창 이야기를 하는데 회계사님의 아주 명쾌한 한마디에 다른 마음은 모두 접었다.

"미국 세금의 역사는 오래되었어요. 그동안 세무기관이 전 미국인을 상대로 수많은 문제를 겪어가며 수정에 수정을 거듭해 만든 시스템이죠. 이 시스템의 허점을 파고든다거나 꼼수를 찾는 것보다 차라리 정직하게 정석으로 처리하는 게 가장 마음 편하고 좋습니다."

똑똑한 머리로 요리조리 세금을 줄여가며 돈을 아끼는 사람도 물론 있다. 하지만 우리는 세금을 피하기 위해 꼼수를 부릴 머리가 있으면 그 대신 그 머리로 음식 수완을 고민하는 게 빠르고 현명한 길이라고 굳게 믿고 행동한다. 그것이야말로 떳떳하고 마음 편하게 사업하는 길이다.

두 번째 원칙,
기준을 세웠으면 타협을 용납하지 마라

둘째, 기준을 세웠으면 타협하지 말고 지켜라. 일요일에 장사를 하지 않겠다고 원칙을 세웠기 때문에 종근 형이 그토록 사랑하는 NBA의 전설 칼 말론이 전화해서 부탁해도 일요일날 장사는 하지 않았다. 1년에 2번뿐인 일요일 경기에 빠지면 축구 경기장에서 내

년 계약을 안 해준다고 엄포를 놓았을 때 우리 쪽에서 재계약을 거부했다.

첫 해엔 일요일에 장사를 하기도 했다. 계약서를 제대로 확인 안 해서 일요일 경기에 장사를 할 수도 있다는 사실을 모른 채 사인을 해버렸다. 그때는 '어쩔 수 없으니까'라고 변명을 늘어놨지만 생각해보면 다른 시도를 해볼 수 있었다. 재계약 때까지 기다리지 않고 가서 이야기해 볼 수도 있었다. 다른 조건을 제안할 수도 있었다. 그런데도 '어쩔 수 없다'고 변명하며 한 해를 보내고 나니 그 다음 해엔 이야기하는 게 더 어려웠다. 이전에는 별 일 없이 해놓고선 이번에는 안 되다고 말하는 격이니 말이다.

원칙을 세워놓기만 하고 형편에 따라 바꿔 이용한다면 그건 편의를 위한 타협이다. 우리가 왜 일요일에 장사를 하지 않기로 했는지에 대한 신념을 항상 기억하고 그것을 회사 안에서 모두가 함께 받아들이고 이해해야 한다.

앞에서도 이야기했던 닭고기 회사 칙필레는 재치 있는 슬로건으로 많은 사랑을 받지만, 훌륭한 회사 원칙으로도 존경을 받는 곳이다. 몇 십 년의 전통을 자랑하는 칙필레의 음식점은 일요일에 결코 문을 열지 않는다. 회사의 창립자는 전국의 모든 지점이 일요일날 문을 열지 않도록 처음부터 지금까지도 철저하게 소신을 지켜왔다.

그런데 칙필레는 쇼핑몰에도 입점이 되어 있다. 쇼핑몰은 일반적으로 대목인 주말, 특히 일요일엔 영업을 하라고 요구한다. 그렇지 않으면 쇼핑몰 안에 입점자체를 해주지 않으려고 한다. 다른 가게들과의 형평성도 있고 가장 바쁜 일요일에 문을 닫는다는 건 고려하기 힘든 부분이다. 쇼핑몰에서는 칙필레에 왜 예외적 방침을 두는 걸까?

진실을 안 다음 난 놀라움을 감출 수가 없었다. 쇼핑몰 안에 입점할 때 일요일에 개점을 안 해도 되는 허가를 받지 않으면 아예 회사에서 쇼핑몰 부지의 일부를 사들여 건물을 짓고 일요일에는 영업을 안 한다는 거다. 이 회사는 사업을 하기 위해 자신들을 주변환경에 맞추지 않고 주변환경을 자신들의 기준에 맞추며 기업을 키우고 있었다. 처음부터 지금까지 단 한 번도 흔들리지 않은 훌륭한 회사 문화의 일부로 말이다. 자신이 옳다고 생각하는 것에 대한 원칙을 세워 잘 지켜낸 결과 현재 전역에서 많은 미국인들의 존경과 사랑을 받으며 성장하는 훌륭한 대기업이 되었다.

세상엔 법과 도덕을 잘 지키지 않는데도 잘 먹고 잘 사는 사람들이 많다. 기업의 회장님이라 불리는 사람들도 모범보다는 비리에 도덕보다는 부조리에 더 익숙해 보이는 사람들도 더러 있다. 하지만 그런 사람들은 반드시 대가를 치르게 되어 있다. 세상이 살 만한 이유는 법을 지키고 신념을 지키는 사람들이 멋지게 성공하는 사례들을 보며 나 또한 저렇게 살고 싶다는 올바른 꿈을 꿀 수 있기 때문이다.

우리도 좌충우돌 언제나 많은 일들이 있지만 중심을 잃지 않으려고 안간힘을 쓴다. 돈보다, 사업보다, 성공보다 훨씬 중요하게 지켜야 하는 게 있기 때문이다. 겉보단 안으로 성공한 사람, 내실이 꽉 찬 사람이 되는 건 세상에 인간으로 태어났기 때문에 꿈꿀 수 있는 당당하고 아름다운 권리이자 책임이기 때문이다.

절대 하면 안 되는 것, 꼭 지켜야 하는 것. 이것만 제대로 알아도 헤매지 않고 선택할 수 있다.

03

과거는 잊어라
배운 것만 기억하라

나는 내 실수가
조금도 부끄럽지 않다

개인의 실수는 관대하게 받아들여지기도 하지만, 공인이나 회사의 실수는 결코 그렇지 않다. 그래서일까. 많은 회사들은 완벽성을 강조하고, 직원들의 작은 실수조차 용납하지 않는다. 실수는 말 그대로 '끝'이라는 생각을 많이 한다.

그런데 실수를 끝이라고 생각하기엔 우리는 너무 빈틈이 많은 인간이다. 우리는 인생에서 많은 실수와 잘못을 통해 비소로 나은 사람이 되어가는데, 잘못한 일에 대해 지나친 비난을 하면 자꾸 주눅

이 든다. 이미 벌어진 일을 바꿀 수 없다면 어떻게 수습할지를 고민해야 한다. 화나고 부끄럽고 창피한 감정에 빠져있는 건 해결하는데 전혀 도움이 되지 않는다.

아이 다섯을 기르는 내 아내는 하루에도 수십 번씩 아이들의 투정을 듣는다.

"엄마, 지난번에 형도 그랬잖아요."

"엄마, 어제 누나는 더 많이 그랬어요."

하루에도 수십 번 예전 일을 들춰 비교하며 투정하고 싸워대는 아이들에게 아내가 하는 말이 있다.

"Forget about it. Past is past. Just remember what you learned(잊어버려. 과거는 과거일 뿐, 배운 것만 기억해)."

지나간 나쁜 일의 부정적인 감정을 끄집어 내지 말고 안 좋은 감정에서 빨리 헤어 나오길 바라는 부모의 마음이다. 이 말 속에는 실수와 잘못을 이겨내는 모든 방법이 들어 있다. 잘하는 게 별로 없는 나지만 그래도 무슨 일이 닥쳤을 때 엎질러진 물에 당황하지 않고 '자, 그럼 이걸 어떻게 수습하지?' 하는 임기응변은 내 장기라면 장기다.

난 내가 똑똑하다고 생각해본 적이 없지만 임기응변만큼은 남부럽지 않다. 좋지 않은 사건이 생겼을 때 '왜 그랬을까?'보단 '어떻게 이겨낼까?'를 먼저 생각하고 행동한다.

우리에겐 지난 5년 동안 셀 수 없는 크고 작은 실수와 위기들이 있었다. 중요한 미팅에서 하는 영어 실수, 마케팅 실수, 규정을 이해 못해 벌린 황당한 불법들, 트럭을 잘못 구매해 몇 천 만 원짜리 트럭 이 심심하면 도로에 퍼지곤 했던 어이없는 일들이 수두룩하다. 심지 어 큰 돈 주고 문제가 있는 트럭을 사와서는 단 한 번도 운행하지 못 한 적도 있다. 그런데도 단 한 번도 그런 낯 뜨거운 경험들을 후회해 본 적은 없다.

간혹 뉴스에서 이름난 기업인들이나 유명인들이 실수를 감추기 위해 사람을 매수하거나 협박했다는 소식을 접하곤 한다. 실수를 인 정하는 순간 인생에 지울 수 없는 오점이 남는 것처럼 행동한다. 숨 기기에 바쁘다.

실수는 부끄러운 게 아니다. 실수를 인정하지 못하고 숨기기 급급 한 태도가 부끄러운 거다. 솔직하게 인정하는 태도가 실수나 위기를 당장 해결해주진 못해도, 그 길이야말로 스스로에게 덜 창피하고 더 당당해질 수 있는 유일한 방법이다.

솔직함은 보다 창의적으로 떳떳하게 상황을 헤쳐 나갈 수 있는 용 기를 준다. 솔직하게 인정하는 법, 감정을 털어버리는 법, 그 과정을 정직하게 다루는 과정에 대한 연습은 평생 동안 갈고 닦을 가치가 있는 성품이다.

모르는 걸 모른다고
인정하는 용기

잘 모르면 무시를 당할까? 몰라도 아는 척, 없어도 있는 척하면 위신이 서는 걸까? 자신의 실수를 좀처럼 인정하지 못하는 사람들은 대체로 모르는 걸 모른다고 이야기하는 것에 자존심 상해한다. 모르는 것을 모른다고 말하거나 조언을 구하는 것이 자신의 가치를 떨어뜨린다고 생각하는 것 같다.

사업을 하면서 알게 된 한국인 지인 중에 '스타족발'을 운영하는 이효찬 대표가 있다. 이 친구는 한때 아르바이트 하던 식당에서 탁월한 고객 서비스로 서빙도 전문직으로 만든 서빙계의 미다스 손이라 불렸다. 지금은 여러 군데 지점이 있는 족발집 사장이 되었다. 그 친구와 대화할 때면 센스 있는 입담에 즐겁기도 하지만, 그보다 대화 중에 모르는 부분이 나올 때마다 기회를 봐서 "죄송한데 제가 잘 몰라서 이해를 못했는데요. 아까 말했던 그게 무슨 뜻인가요?"라고 솔직히 묻는 모습이 굉장히 인상적이었다.

다른 사람과 대화하다가 '내가 잘 모르는 분야라 모르겠으니 좀 가르쳐 줄래요' 하고 중간에 물어보는 건 생각보다 적지 않은 용기가 필요하다. 특히 나도 사업에 관해 이야기를 나눌 때 모르는 게 나오면 아는 척은 못해도 굳이 묻지는 않고 슬쩍 넘어가는 경우가 많았다.

그래서 한 회사의 대표이면서도 모르는 것을 누구에게나 아무렇지 않게 물어보는 그 모습이 당당해 보였다. 솔직한 자세는 질문을 받는 상대편을 오히려 겸손하게 만든다. 그런 자세가 바라보는 이를 더 감동시킨다.

오 마이 가쉬, 컵밥에서 거미가 나왔어요!

컵밥 장사를 시작한 지 1주년이 되던 날, 즐겁고 감격해야 할 특별한 날에 위생 문제 때문에 분위기가 발칵 뒤집힌 적이 있다. 미국 내 최대 음식 리뷰 사이트 옐프에서 어느 고객이 컵밥 음식에서 거미가 나왔다는 거다.

"어떻게 뜨거운 불에서 조리하고 온도를 뜨겁게 유지하는 고기 요리에 거미가 형체를 가지고 있을 수 있지? 검은깨 아닌가?"

아무리 사진을 들여다봐도 직접 보지 않곤 알 방법이 없었다. 그간 SNS와 리뷰 사이트의 별점에 엄청난 공을 들여왔는데 큰 고민거리가 아닐 수 없었다. 의기소침해 있기보단 어떻게 해결할지를 꼬박 하루 동안 열심히 고민했다.

사과 댓글을 달거나 외면하는 등 흔한 문제 해결방식은 하고 싶지 않았다. 사과하고 돈을 되돌려 주면 인정하게 되는 거고, 아니라고 반박하기엔 증명할 길 없는 변명 같았다. 고심 끝에 평소보다 부엌 청소를 더욱 열심히 한 후 사진 한 장을 찍어 SNS에 포스팅을 올렸다.

'어제는 컵밥의 1주년이었습니다. 우리는 처음부터 아기처럼 느렸습니다. 최선을 다해 음식을 깨끗하고 신선하고 맛있고 그리고 건강하게 만들어 왔습니다. 하지만 우리가 완벽하지 않다는 걸 인정합니다. 이건 우리 부엌 사진인데 우린 이곳을 청결하게 유지하기 위해 최선을 다 합니다. 여러분이 만약 우리가 음식을 어떻게 준비하는지 궁금하시다면 언제든 여러분들의 음식을 매일 아침 준비하는 직원들을 만나러 오세요'

부엌 사진을 공개해야 하나 말아야 하나 처음엔 많은 고민을 했다.

'부엌은 식당의 얼굴인데 오래된 구식 부엌 사진을 공개할 필요가 있을까? 이미지가 더 나빠지지 않을까?'

그렇지만 투명하게 위생을 공개하고 음식에 정직한 푸드트럭이라는 이미지를 보여주고 싶었다. 불완전해도 속이지 않고 솔직한 모습이 우리가 가진 가장 큰 장점이고 색깔이라고 믿었기 때문이다.

인간관계든 비지니스 관계든 문제가 발생했을 때 상황을 누그러뜨리고 상대의 화를 가장 부드럽게 만드는 비결은 바로 솔직한 인정이다. 발뺌하다 걸리면 괘씸죄까지 더해지지만, 솔직함으로 정면 돌파하면 실수로 무너진 신뢰와 믿음이 새 나가는 걸 오히려 잘 막아준다.

Cupbop - Korean BBQ
Sponsored · 🌐

Yesterday was Cupbop's first anniversary.
We were a slow, baby learner as a food truck at the
beginning. We have done our best to make our food
as clean, fresh, tasty, and healthy as possible, but we
admit that we are not perfect.
This is our kitchen and we always do our best to keep
it clean. If you guys wonder how w... Continue Reading

'거미가 나왔다'는 고객의 피드백을 보자마자 SNS에 우리의 부엌을 낱낱이 공개했다. 오래된 구식 부
엌이 청결한 이미지에 되레 찬물을 끼얹을까 수없이 고민했지만 숨기지 않고 투명하게 공개하는 쪽을
택했다.

우리의 솔직함이 '거미가 나왔다'는 리뷰를 남긴 고객과의 문제를 해결해준 건 아니다. 몇 번이나 연락을 취해봤지만 답신을 받지 못했고 그 뒤 1년이 넘도록 휴대전화에 사진을 저장해 다니면서 비슷해 보이는 사람을 찾았지만 실패했다. 그래서 그 리뷰를 바꾸지도 못했다.

이 일을 계기로 이벤트를 열어 주방을 일부러 손님들에게 공개하기도 했다. 우리 부엌을 다녀간 손님들은 '컵밥은 청결한 부엌에서 요리된다' '청결하기 때문에 믿고 가족들을 초대해 먹을 수 있다'라는 글들을 올렸다.

한 사람에게 받은 나쁜 리뷰였지만, 훨씬 더 많은 사람들에게 위생을 지키려고 노력하는 푸드트럭이라는 인식을 얻었다.

매일 상상하고 외치는 말
"괜찮다, 괜찮다, 괜찮다!"

이 경험 이후론 공개적으로 '우리가 뭘 잘못하는 거 같나요?' 하고 고객들에 묻곤 한다. '어떻게 하면 더 좋을 거 같나요?' 하고 물으며 선물을 건 이벤트도 한다.

그러면 사람들은 '오늘 ○○에 있는 트럭에 갔는데 이런 문제가 있더라' '저건 잘못돼 보이더라'며 행여 다른 손님들이 보고 우리 이미지가 나빠질까 봐 개인 메시지로 사진과 글을 조심스럽게 보내주기도 하고, 나쁜 댓글이 SNS에 올라오면 우리를 변호하며 대신 답글을 달아주기도 한다.

여전히 나쁜 별점, 불만족 리뷰, 위생국의 지적, 직원들과의 갈등 등 '우리가 잘 하고 있는 게 맞나?' 의심하게 되는 많은 위기와 마주한다. 이 사업을 하는 한 영원히 끝나지 않을 숙제다.

내가 가장 많이 하는 말은 "괜찮아"다. 돈 계산이 잘못 돼서 손해를 보게 됐을 때, 일이 틀어져서 주변 사람들이 걱정하고 불안해해도 내가 가장 먼저 하는 말은 "괜찮아"다. 정말 아무렇지 않아서가 아니라 내 입으로 "괜찮아"를 뱉고 나면 마음이 의연해진다. 그렇게 '위기는 곧 기회가 될 수 있다'라는 자세를 연습하고 있는 중이다.

앞으로도 최선의 노력을 했는데도 실패하는 일이 분명 생길 거다. 어쩔 땐 마치 넘을 수 없는 산처럼 느껴지는 일들도 생길 테다. 지금까지 그래왔던 것처럼 말이다. 하지만 성실함에 긍정적인 마음까지 더한다면 그 산도 넘어볼 만하지 않을까? '실패는 신이 인간에게 주는 가장 소중한 선물'이란 자세로 그 상황을 대면할 수 있도록 말이다.

행여 아직 '과거에 연연하지 않고 배운 것만 챙기는 게 말은 쉽지 그게 어디 쉬운 일인가'라고 생각하는 사람이 있다면 나의 8살짜리 딸아이가 던진 말을 들려주고 싶다.

한 날 여느 날처럼 차 뒷좌석에 앉아 말싸움을 하다 다 지나간 이야기까지 꺼내어 비난을 퍼부어 대는 오빠에게 딸아이가 말했다.

"오빠, 엄마가 그랬어. 과거는 과거니까 나쁜 건 더 얘기하지 마라고! 그러니까 옛날 얘기는 하지 마!"

04

매출 최고점을 찍을 때 얻은 공황장애와 우울증

모든 걸 맞춰 줬는데
왜 분노할까?

훌륭한 리더들이 운영하는 멋진 회사들을 보며 '내 회사도 저렇게!'라는 멋지고 원대한 꿈을 꿨다. 멋진 리더, 따뜻한 분위기, 열정과 자부심이 느껴질 만한 회사. 여전히 그 꿈을 포기한 건 아니지만 현실은 녹록치 않았다. 꿈을 꿀 땐 분명 멋있고 설렜는데 현실은 냉혹하기 짝이 없었다. 열린 마음과 따뜻한 태도로 말 한마디 행동 하나를 직원들에게 해도, 냉혹한 비즈니스의 세계에선 제대로 시키고 이끌지 못하는 능력 없는 리더에게 누구도 매력을 느끼지 않는다.

모르는 게 너무나도 많았다. 산 하나 넘으면 더 큰 산이 가로막고 있었고 벽 하나를 뚫고 나가면 더 두터운 벽이 기다리고 있었다. 하나부터 열까지 부딪혀 헤쳐 나가고 매순간 즐겁게 임하려 했지만 지쳐서 이제 그만 이대로 머물고 쉬고 싶을 때도 많았다.

푸드트럭 한 대로 시작해 바빠지기 시작했을 때 바쁜 게 너무 기뻐서 가슴 속 열정은 불끈불끈 솟았다. 손님들의 사랑을 너무 많이 받은 나머지 마음은 파릇파릇했으나, 언젠가부터 크고 작은 폭탄들이 여기저기 정신없이 터지기 시작했다. 매출이 오르고 바쁘다는 핑계로 미루고 무시해왔던 문제들이 날카로운 경고장이 되어 준비도 되지 않은 우리에게 하나둘 날아오기 시작했다.

아리스토텔레스가 『니코마코스 윤리학』에서 '사람들의 마음에 연민과 공포를 불러일으킬 수 있는 부당한 불행의 목록' 중 하나로 '좋은 일이 일어났지만 그 일을 즐길 수 없는 것'을 꼽은 것처럼 사업이 바빠지는 건 행복하고 감사한 일이었으나 기본이 제대로 갖춰지지 않은 상태에서 홈런을 쳐버린 우리는 지독한 성장통을 치렀다.

첫 번째 성장통은 같이 일하는 직원들에서부터 시작했다. 신경 쓸 새가 없다는 핑계로 중요한 일들을 그때그때 돌아보지 못하고 곪아 터질 때까지 왜 기다렸는지, 왜 생각한 만큼 행동하지 못하고 어영부영했는지, 어려움을 겪고 난 지금 돌아보면 답답한 부분이 많다.

알면서도 하지 못한 것들이었기에 더욱 아쉽다. 화장실 갈 틈도 쪼갤 만큼 바쁘게 돈을 벌어들이고 인기를 얻으면서도 왜 즐길 수만은 없었는지에 대한 뼈아픈 경험이다.

이 글을 읽는 독자 여러분이 만약 아무것도 없는 바닥부터 사업을 꿈꾼다면, 함께 일한다는 것에 대해 처음부터 차근히 고려해서 잘 계획했으면 하는 바람이다.

갑자기 늘어난 직원, 우리는 제대로 그들을 이끌었을까?

창업자 3명에 아내들까지 6명이 팔 걷어붙이고 뛰어들었던 사업 초 창기부터 첫 1년은 트럭 두 대에 직원이 2~3명뿐이었기 때문에 직원을 관리한다는 개념 자체가 없었다.

그런데 두 번째 해에 접어들어 단기간에 트럭이 3대가 되고 대형 경기장에 입점하고부터는 2~3명뿐이던 직원이 갑자기 10명이 되는가 싶더니 순식간에 20명으로 늘었다. 직원을 관리할 준비가 제대로 되어 있지 않던 우리는 예고 없이 뚫리는 구멍들 때문에 땜질하느라 진땀을 뺐다.

음식을 준비하는 주방에서부터 허술한 구멍은 뚫리기 시작했다. 바쁜 날엔 트럭 한 대당 300~400그릇을 팔았으니, 트럭이 세 대면 주방에서 매일 1,000인분이 넘는 음식을 준비해야 했다. 두 대에서 시작한 밥솥이 격주마다 두 배씩 늘었고, 주말마다 새로운 밥솥을

박스에서 꺼내가며 장사했다. 주말에는 주로 경기장 스케줄에 더해 이벤트 음식까지 1,500인분 이상을 만들어야 할 때가 종종 있었다. 좁은 주방에서 여러 명이 일하다 보니 질서 있게 소화해 내지 못하고 오더가 꼬이기 시작했다.

주방에서 음식은 자꾸 만드는데도 트럭들마다 음식이 늘 부족했다. 알고 보니 각 트럭의 매니저들이 자기들 음식이 부족하면 안 된다며 허락된 양보다 더 많은 음식을 각자의 트럭에 실었다. 주방은 트럭의 스케줄에 따라 음식 양을 조절해 공급하는데, 그 음식이 제대로 배분이 되지 않은 것이다. 그렇다 보니 트럭에서 음식이 부족하단 전화를 받으면 주방에서는 우왕좌왕하며 트럭으로 혹은 이 트럭에서 저 트럭으로 음식을 날라야 했고 스케줄이 바빠질수록 정신이 하나도 없었다.

갑자기 추가되는 스케줄도 문제였다. 예고 없이 새로운 일정이 잡히고 이 사항이 제대로 전달이 되지 않아 그 전날 주방에서 음식을 준비해 놓고 아침에 출근한 직원들은 예고 없이 늘어난 음식 양에 아침부터 허덕여야 했다. 이런 문제들이 반복되자 직원들의 참을성이 폭발했다. 너무 바쁜 스케줄과 초과 근무에 지쳤고, 스케줄과 재고를 제대로 정리해주는 담당자가 없다 보니 계획 없이 중구난방으로 흘러가는 나날들을 견딜 수 없었던 거다.

나는 기본도 없이
앞만 보고 달려 왔구나!

이런 문제점들은 사전에 쉽게 방지할 수 있었다. 스케줄을 조금 줄이고 욕심을 내지 않았다면 문제를 해결하고 앞으로 나아갈 수도 있었을 것이다. 하지만 트럭 세 대가 한 나절 스케줄을 나가면 한 번에 6,000달러(한화 약 670만 원)씩 매출이 났기 때문에 스케줄을 줄이고 싶지가 않았다. 그래서 우리가 소화해 낼 수 있는 역량보다 욕심을 냈다.

지친 직원들의 화는 쌓이고 쌓여 결국 정면으로 몰려왔다. 어느 날 중간급 매니저에게서 전화가 왔다. 직원들이 일을 더 이상 못하겠다며 파업선언을 했단다. 처음엔 돈이 더 필요하니 일하는 시간을 더 늘려달라던 사람들이었는데, 초과 근무 급여가 1.5배라면 좋아하던 직원들이었는데, 뒤죽박죽이 된 주방처럼 자신들의 삶조차 뒤죽박죽이 되었다며 불만을 토로했다.

우리는 그날의 스케줄을 모두 취소하고 전체 회의를 소집했다. 중간급 매니저, 주방 매니저, 트럭 매니저, 일반 직원, 파트타임 직원 할 것 없이 모두 함께 앉은 자리에서 각자의 생각을 가감 없이 나누었다.

하나둘씩 서로가 가진 불만들을 쏟아내기 시작했다. 이렇게 일 하다간 모두 죽을 것 같다고 했다. 월급은 둘째 치고 매일 예고 없이

매출은 급상승하는데 문제는 쉴 새 없이 터졌다.

인정해야 했다.

"나는 기본도 안 되어 있구나."

나를 직면하자 돌파구가 보이기 시작했다.

늘어나는 스케줄 때문에 개인 삶이 없다는 거다. 음식을 만들어도 양이 맞지 않아서 다시 하거나 버리기 일쑤고, 예고 없이 터지는 음식 난 때문에 죽을 맛이란다. 이 사람, 저 사람 할 것 없이 많은 이야기들이 쏟아져 나왔다.

직원들이 공격하듯 불만을 쏟아내자 마음이 편치만은 않았다. 직원들이 아프면 대신 뛰고, 가정사가 있으면 돈을 빌려주고, 자녀들 학교 행사가 있으면 일하는 시간 조정해주는 건 기본이었는데, 갑자기 더 이상 이렇게는 일을 못하겠다니 억울한 마음도 들었다. 하지만 마음속으로 외쳤다.

'지금은 듣자. 들어야 할 시간이야.'

불만들을 듣고 있자니, 직원들이 말하는 문제점들은 회사가 제대로 이끌고 정리하지 못한 일들임에 분명했다. 그 어떠한 이유와 변명도 어울리지 않았다.

그렇게 두 시간이 흘렀을까. 온몸에 매를 맞은 기분이었다. 마음에 멍도 들었다. 그런데도 이해는 갔다. 직원들이 하는 이야기들은 모두 처음 들은 이야기가 아니었다. 조금씩 여기저기서 끊임없이 나오던 말들이었는데, 대처가 너무 늦거나 대답만 하고 바쁘다는 핑계로 미루고 미루던 일들이 많았다.

늘어나는 스케줄을 소화하느라 직원들을 급하게 고용했기 때문에 직원교육에 충분한 시간을 할애하지 못했다. 그러니 이런 결과는 당연했다. 직원교육이 제대로 되지 않으니 가장 기본적인 것조차도 흔들리기 시작했다.

창업하며 만들었던 30초 법칙은 제대로 지켜지지 않았고, 친절과 열정의 서비스가 우리의 상징이였는데 어떤 직원은 너무 과해서 부담스럽고, 다른 직원은 시종 무표정이었다.

리뷰 사이트에서 별 5개 중 4개 반 이상을 자랑하던 리뷰에도 비상이 걸리기 시작했다. 고객들은 세 명이 일하던 때가 그리우니 당장 그때로 돌아오라고 했다. 할 일은 산더미고 넘어야 할 건 태산인데 몸을 쪼개어 다닐 수도 없고 난감했다.

직원들은 나름대로 열심히 일을 하는데 자꾸 실수와 문제가 반복되다 보니 의욕과 사기가 떨어졌다. 화가 날 대로 난 직원들을 마주하고 앉아 있자니, 문득 한 이야기가 떠올랐다. 어떤 사람이 성공한 식당 주인에게 가서 식당을 개업하려고 하는데 어떤 조언을 해줄 수 있겠냐고 묻자 그 식장 주인이 이렇게 말했다.

'1인분을 하던 100인분을 하던 같은 메뉴를 똑같은 맛과 양으로 내어 놓을 수 있다면 식당을 하고 그렇지 않으면 시작도 하지 마라.'

그 순간 머리에 큰 종이 울렸다.

'아! 나는 아직 기본도 안 되어 있구나. 너무 계획 없이 달리기만 했구나. 그저 열심히만 하면 알아서 된다고 너무 쉽게 생각한 모양이다.'

줄줄이 계약된 매장 오픈,
트럭은 예고에 불과했다!

문제들은 곳곳에서 터지고 채 해결이 되지 않았지만 이미 가게를 열기로 줄줄이 계약이 되어 있어서 멈출 수 없는 기차였다. 매장들을 오픈하기 시작하면서 인력난과 관리 문제는 더 두드러졌다. 트럭에서 경험하는 문제들과는 차원이 달랐다. 트럭은 모든 음식을 메인 키친에서 하지만 가게는 각각의 주방시설에서 음식을 준비하다 보니 똑같은 레시피와 가이드라인이 있음에도 주방장들마다 맛도 서비스도 들쑥날쑥 했다.

제대로 준비되지 않은 채 트럭에서 하던 방식으로 매장을 운영하자, 트럭 때는 장점이었던 것들이 오히려 단점이 되었다. 외부에서 일하는 시끄러운 트럭은 소리를 외치거나 음악을 틀어놓으면 고객들이 특유의 분위기를 즐거워했지만, 가게에서 음악을 크게 틀거나 주문을 크게 받으니 오히려 시끄러워서 대화를 할 수 없다는 반응이 돌아왔다.

트럭과는 움직이는 동선도 다르고 일을 해야 하는 종류와 리스트도 다르다 보니 트럭의 노하우를 살릴 수 있는 부분은 회사 특유의 분위기 말고는 사실상 경험도 시스템도 거의 제대로 되어 있지 않은 채로 처음부터 다시 정해야 할 일들이 산더미였다.

우리는 이번에도 역시 트럭이 한창 성장할 때 했던 똑같은 실수를 반복했다. 운동화도 없고, 물도 없고, 준비운동도 안 했는데 무조건 열심히 달리기만 한 거다. 그런데 규모마저 예전과는 비교도 할 수 없을 만큼 커졌다.

예전엔 문제가 발생하면 한자리에 다 같이 모여 이야기하고 빨리 결정하고 행동을 취하는 게 가능했다. 하지만 이제는 직원이 200명이 넘어서 전체 직원을 모두 모아 이야기를 듣는 건 불가능했다. 결정사항이 빨리 적용되기도 힘들었다.

먼저 매니저들을 교육하고 그 다음엔 각자의 스토어들에 있는 직원들을 교육하고, 그러고 나서도 잘못된 게 있으면 또 다시 모두에게 되풀이해서 이야기하다 보니 전보다 문제점 시정이 더 더뎠다. 문제가 터지는 건 한순간인데 고치는 시간은 몇 배나 느려졌으니 답답할 노릇이었다.

나를 일으켜 세운
세상을 떠난 친구의 위로

지금 돌아보면 무식한 성장 속에서 아찔했던 때가 한두 번이 아니다. 정신없는 두 해를 보내면서 밖에선 고객들의 커지는 불만을, 안에선 직원들의 커지는 불만을 끊임없이 해결해야 했다. 마음 같지 않은 더딘 해결의 과정들은 우릴 더 조바심 나게 했고, 준비되지 않은 성장은 때론 사람도 잃고, 고객도 잃게 만들었다.

알고 있던 것들도 어떻게 다시 해야 될지 참 막막한 그 시간동안 내게는 평생 어울릴 것 같지 않던 우울증과 공황장애도 경험했다. 정신력 하나는 자신 있던 난데 이런 내 모습에 스스로도 너무나 당황하고 놀랐다.

그렇다고 해서 피하는 건 또 나와 맞지 않았다. 두려워서 상황을 회피하면 영원히 그 자리에 머물러야 한다. 그리고 난 위기의식이 느껴지면 오기가 생긴다. 사람들이 안 된다고 하면 꼭 더 해봐야 성에 차는 청개구리여서 그런지 뭔가 뜻대로 잘 되지 않으니 더 되게 만들고 싶은 오기가 올라왔다.

마음을 다잡기 위해 노력하는 시간을 보내던 어느 날 꿈을 꿨다. 생각지도 않던 오래된 친구였다. 어린 시절 친구 정민이는 유감스럽게도 한창 하고 싶은 게 많을 젊은 나이에 암으로 세상을 일찍 떠났다. 미국에 살고 있던 난 장례식도 가지 못해 가슴 한켠에 늘 미안함을 가지고 있었다. 그런데 별안간 정민이가 꿈에 나타나 내 머리를 부드럽게 쓰다듬으며 말했다.

"정훈아, 아직 할 거 많잖아."

그 말을 듣곤 새벽에 꿈을 깼다. 일에 치이고 사람에 치여 힘들어하던 내가 안쓰러웠던 걸까. 꿈에서 깨 캄캄한 침대에 누워 찬찬히 생각해 보니 비로소 내가 좀 더 객관적으로 보이기 시작했다.

'실패는 나이테란 말이 있지 않은가. 실패가 하나 둘 쌓이다 보면

멋진 나무가 되는 거다. 그래! 내 페이스대로 차근차근 한번 해보는 거야.'

05

두렵다는 건
성장하고 있다는 증거다

바쁠수록 날카롭게
날을 갈아라

한창 매출이 오르던 때 직원들과의 문제가 생기면서 알면서도 미루고, 미처 생각지 못한 일들이 모두 수면 위로 드러났다. 숨김 없이 의견을 나누고 나니 오히려 마음이 편해졌다. 그리고 직원들이 하는 실수들 역시 우리가 제대로 방향을 제시하지 못했기 때문이란 걸 깨달았다. 덩치가 커질수록 간과해선 안 되는 부분들을 눈앞의 이익에 눈이 멀어 제대로 해결하지 못했다.

아무리 바빠도 날을 갈아야 한다. 요식업은 하루 삼시 세끼 사람들이 찾는 밥을 만드는 곳이기 때문에 아침에 눈을 떠 저녁에 감을 때까지 부지런히 준비하고 서빙하고 또 준비하고 서빙해야 한다. 다람쥐 쳇바퀴와 같은 삶을 산다. 바빠도 짬을 내서 날을 가느냐 그러지 못하느냐는 사업을 이끌어가는 경영자의 선택에 달렸다.

바쁜 스케줄을 모조리 중단하고 칼을 가는 시간을 갖기로 했다. 그러기 위해선 일을 줄이는 한이 있어도 직원교육과 관리 시스템을 철저히 할 필요가 있었다. 2주에 한 번 저녁 스케줄을 없애기로 했다. 한 달에 1,000만 원을 손해 보지만 훗날 얻을 10억 원을 위해 잠시 숨 고르기를 할 때였다. 직원들을 급히 뽑아 놓았으니 우리 회사가 어떤 회사인지 제대로 이해하지 못하는 직원들을 위해 알려줄 시간이 필요했고, 그와 동시에 회사의 미래를 다시 그렸다.

숨길수록 겁난다, 하루라도 빨리 부딪혀라

불만이 폭발한 직원들과 허심탄회하게 대화도 나누고 꾸준하게 노력했으니 그 뒤론 모든 게 순탄했을까? 천만에. 준비가 제대로 채워지기도 전에 규모가 커지기 시작한 우리의 성장통은 끈질기고 지독했다.

당장 개선할 수 있는 부분들과 장기적으로 봐야 하는 문제들을 리스트로 만들었다. 단기적 노력으로 해결된 부분도 있고, 몇 년이 지난 지금까지도 해결하고 개선하기 위해 꾸준히 노력하는 것들이 남아 있다.

덩치가 커지고 인원이 많아진 다음에 고치고 바꾸려고 하면 매우 힘들다. 그래도 그 어려운 걸 무조건 해내야 하는 게 사장이다. 무슨 일이 있어도 머리를 짜내서 방법이란 걸 만들어내야 한다.

그 과정에서 어떤 이들은 떠났고, 어떤 이들은 여전히 남아 열심히 일하고 있다. 기업의 주인은 기다림을 견딜 수 있다. 하지만 그 밑에서 일하는 직원들에게 기약 없는 기다림이란 그 무엇도 약속되지 않은 불확실한 미래와 같아서 견디기 힘들다. 사장이 온 마음과 정성을 쏟아 붓는다고 해도 다른 미래를 그리기 시작한 직원의 마음을 되돌리기란 쉽지 않다.

앞서 소개한 카페리오의 밥 닐슨 회장을 이때 만났다. 닐슨 회장은 컵밥에 대한 인상적인 장점들을 칭찬하며 우리를 만나고 싶었다고 말했다. 한창 대화를 하던 중에 그가 말했다.

"내가 여기까지 오는 동안 셀 수도 없는 실수를 어마어마하게 많이 했죠. 지금 생각해 보면 낯 뜨거운 일들도 참 많았답니다. 실수를 두려워 할 필요는 없어요. 그걸 잘 보듬어서 앞으로 바르게 나아가면 됩니다."

그리곤 마지막으로 이렇게 덧붙였다.

"빨리 가는 게 중요한 게 아니에요. 올바른 방법으로 빨리 가는 게 중요한 겁니다."

사업이 잘되자 사람들은 말했다.

"나도 그거 하려고 했었는데."

"나도 비슷한 아이디어가 있는데."

실행하지 않은 생각은 꿈일 뿐이다.

나는 다만 한 발을 내디딜 용기를 냈을 뿐이다.

우린 빨리 오는 데는 성공했을지 몰랐다. 하지만 올바른 방법에 대한 고민은 빠진 성장을 해온 셈이다. 기준도 없고 방법도 정하지 않은 채 앞으로만 달렸다. 2년 동안 급격하게 성장하는 바람에 겉으로 멋진 매장은 만들었지만 그 안에 좋은 사람, 좋은 시스템을 채워 넣지 못했다.

'나는 두렵다'고 말할 수 있는 용기

학창시절 춤 출 때가 생각났다. 혼자 추는 춤보단 나와 똑같은 옷을 입고 똑같은 안무를 하며 함께 어울려 추는 동료가 있을 때 소름끼치도록 즐거웠다. 춤이나 사업이나 별반 다른 게 없다는 생각이 들었다. 좀 늦은 감은 있었지만 그래도 내일보단 덜 늦은 거니까 더 늦기 전에 우리에게 어울리는 성장을 찾아야만 했다. 문제점들을 숨기지 않고 기꺼이 부딪혀 가며 일어서기 위해 노력하자, 두려움을 떨쳐내고 용기가 생기기 시작했다.

미팅을 통해 각각의 어려움과 문제점들을 밝히고 함께 해결점을 모색하고 돕는 것부터 시작했다. 그리고 매니저든 말단 직원이든 상관없이 목소리를 높이라고 권장했다. 권위로 목소리를 누르기 시작하면 사장은 자기 생각이 옳다고 믿는 고정관념에 빠지기 쉽다.

그리고 다른 훌륭한 분들을 만나 좋은 경험과 조언을 듣는 것도 좋지만, 현장에서 손님들과 가장 가까이에서 일하는 직원들의 말에 가장 먼저 귀 기울이기로 했다. 그들이야말로 최전선에서 가장 큰 희생을 하며 온몸으로 고객의 반응을 느끼고 경험하는 사람들이기 때문이다.

집 안에서 행복하지 않으면 밖에 나가서도 웃을 수 없는 것처럼, 직원을 대우해주지는 않으면서 그들이 고객에게는 웃으며 상냥하게 대하기를 기대하면 안 된다. 직원이 첫 번째 고객이니 말이다. 직원들의 불만이 고객에 대한 불친절로 필터 없이 곧바로 이어진다고 가정해야 한다.

처음엔 여기저기서 자꾸만 터지는 문제들 때문에 스트레스 받고 두렵기도 했다. 하지만 문제를 직면하는 연습을 계속하자 두려운 마음을 극복하는 요령을 터득하기 시작했다. 그러면서 깨달았다. 두렵다는 건 창피해 할 필요가 전혀 없다는 걸 말이다.

컵밥은 지금도 성장통을 겪고 있다. 우리가 성장하는 한 앞으로도 쭉 그럴 것이다. 이젠 성장통이 두렵지만은 않다. 사춘기를 겪으면서 목소리도 바뀌고, 몸도 바뀌고, 생각도 바뀌듯 성숙한 어른이 되기 위해 꼭 겪어야만 하는 과정이자 성장의 증거다. 넬슨 만델라의 말처럼 말이다.

'나는 용기란 두려움이 없는 것이 아니라 두려움을 이겨내는 것임을 깨달았다. (…) 용감한 인간은 두려움을 느끼지 않는 사람이 아니라 두려움을 극복하는 사람이다.'

06

시스템은 사람을
지키는 가장 큰 힘이다

잘못을 탓하기 전에
시스템부터 점검하라

좋은 매니저가 10명 있으면 10개의 좋은 스토어를 만들 수 있다. 이 말은 즉, 좋은 매니저 100명이 있으면 좋은 스토어 100개를 만들 수 있다는 뜻이다. 그만큼 사람이 중요하다. 그런데 아무리 능력이 뛰어난 직원들을 데려와도 회사 관리 시스템이 지지해주지 않으면 직원의 열정은 순식간에 식는다. 처음엔 열정을 가지고 달리다가도 어느 순간 자기의 목소리가 소용이 없다는 걸 알게 되면 제자리에 멈춰서서 나태해지기 마련이다.

성장하는 우리에게 가장 시급한 건 시스템이었다. 푸드트럭만 운영하던 우리가 매장의 매니저로 뽑은 사람들은 모두 학력이나 경력과는 상관없이 트럭에서 함께 일해 보며 잘 한다고 직접 판단한 사람들이었다. 일하는 걸 지켜봤으니 알아서 잘 이끌어 줄 거라고 믿었다. 그랬기에 많은 권한을 주었지만 정작 그 권한들을 효율적으로 사용할 수 있는 방향성과 명확한 규칙을 세우지 않았다. 우리와 그들이 가진 각자의 열정을 실행에 옮기게끔 만드는 가이드라인이 부족했다.

매니저들 각자 매일 세일즈를 확인하면서 스스로 동기부여가 될 수 있도록 했더니 현금 매출을 POS에 기록하지 않고 빼돌리는 일이 발생했다. 친한 직원에게 바쁘지 않은 시간에도 근무를 시키는 바람에 인건비가 비현실적으로 높게 나오기도 하고, 팁을 더 받기 위해 덤으로 더 주는 서비스를 악용하기도 했다. 음식 재료를 일주일에 2번씩 주문하는 게 규정인데 자주 주문하는 것이 귀찮다는 이유로 한꺼번에 많은 양을 주문해 재료가 썩는 경우도 생겼다. 적당한 양을 조금씩 요리해 신선할 때 제공해야 하는데, 음식을 자주하는 게 귀찮아 한꺼번에 많은 양을 조리해놓고 하루 종일 워머에 방치해 뒤 딱딱해지거나 부서진 고기를 서빙하는 경우도 있었다. 이런 비도덕적이고, 비양심적인 문제들을 관찰하면서 굳게 믿었던 매니저들에 대한 배신감과 실망감은 말로 할 수 없었다.

그런데 가만히 문제들을 살펴보니 결코 그들만의 잘못이 아니었다. 지켜야 하는 규칙과 방법을 명확히 하지 않은 채 직원들이 스스로 알아서 훌륭한 도덕적, 사업적 기준을 높여 일을 하길 바라는 건 부당한 기대였다.

직원들은 매일 마시멜로의 유혹을 견디고 있었다

육아 전문가들은 말한다.

"아이들이 거짓말하는 것을 탓하기만 할 것이 아니라 거짓말을 하게 만드는 원인이 될 만한 요인을 먼저 최대한 없애줘야 한다."

아이가 가장 좋아하는 과자를 먹지는 못하게 하면서 눈앞에 매일같이 놔두면 참고 견딜 수 있는 아이가 열 명 중에 몇 명이나 될까?

우리의 직원들은 구멍 많은 관리 시스템 때문에 마시멜로의 유혹을 매일같이 겪고 있는 셈이었다. 세일즈를 언제나 확인할 수 있는 엑세스 대신 돈을 은행에 입금한 후 다음날 기록을 알려주는 방법도 있었고, 현금 세일이 유독 낮게 측정된 날이 있지는 않은지 확인하는 자체감사를 통해 긴장감 있게 현금 관리를 하도록 도울 수도 있었다. 그리고 매장에서 이뤄지는 인건비 및 재고를 조절하는 법을 가르쳐 비용을 조절할 수 있도록 해야 했다. 직원의 도덕성과 양심을 시험할 것이 아니라 유혹에서 최대한 멀어질 수 있는 환경을 제공하는 것이 먼저였다. 아직 잘 준비되지 않은 시스템 때문에 오랫동안 함께 일할 수 있었을지도 모르는 직원들을 잃어버렸다.

『사장의 길』이란 책에 '비가 오는 날씨도 사장 탓'이라는 말이 나온다. 많은 사장들은 능력이 된다 싶은 사람을 선택해 일을 맡기면서 '이 정도는 알아서 하겠지'라는 말을 종종 한다. 어느 정도의 기대치를 가지고 있는 것이다. 하지만 그건 정말 잘못된 생각이다.

직원은 사장이 아니다. 사장과 100% 같은 마음으로 사장이 바라는 대로 100% 일할 직원은 없다.

'아니, 이게 안 되나?'

'내가 하나부터 열까지 가르쳐 줘야 하나?'

이렇게 묻는 사장은 사장과 마음이 똑같은 직원을 찾을 때까지 회사를 확장하면 안 된다는 걸 알았다. 회사가 먼저 나서서 직원들을 효과적으로 담을 수 있도록 준비하는 길밖에 없다. 섬세하고 세밀한 시스템이야말로 사장의 비전과 생각을 회사의 구석구석까지 촘촘하고 꼼꼼하게 전달하고 돌봐준다.

반복하고 또 반복하라
공유하고 또 공유하라

조그만 푸드트럭에서 시작해 스토어, 프랜차이즈까지 확장해왔다.

그간의 가장 큰 변화를 꼽는다면 전 과정을 문서로 시스템화한 것이다. 오늘 당장 회사에 입사한 초보 직원도 보고 그대로 따라할 수 있도록 꼼꼼하게 만들었다. 그리고 각 스토어의 재고관리표, 주문표를 만들어 숫자만 넣으면 자동으로 주문량이 계산되도록 했다. 보다 일률적인 음식 맛을 위해 음식 재료 양부터 조리 방법과 보관 방법까지 통일했다.

직원들을 도덕적, 양심적인 유혹으로부터 보호할 수 있도록 장치를 마련하고 관리시스템을 보다 촘촘하게 정비했다.

무엇보다 가장 중요한 건 이 모든 관리시스템을 짜 놓고같은 내용을 꾸준히 점검하고 교육을 반복하는 일이었다. 동종업계에서 일하는 성공한 레스토랑 대표가 내게 이런 말을 한 적이 있다.

"음식점에서 가장 하기 쉬운 게 뭔 줄 압니까? 음식비와 인건비를 조절해 낮추는 거예요. 그런데 가장 힘든 부분이 뭔지 압니까? 바로 고객 만족이에요. 그리고 그 핵심은 사람을 관리하는 데 있죠. 그냥 좋은 게 아니라 절대 좋은 매니저를 찾아야 하는 겁니다."

좋은 매니저를 키워내고 유지하기 위해선 시스템을 만들어 그들을 보살피고, 그 시스템 속에서 다른 직원들을 교육시킬 수 있는 방법을 가르쳐 주고, 시스템으로 교육된 직원들이 손님을 어떻게 대하고 서비스를 해야 하는지 알게 될 때 제대로 된 가게가 탄생한다. 잘 짜여진 관리 시스템 아래에서 일하는 직원은 회사의 매력을 발산한다. 현재 우리의 시스템 역시 불완전하다. 여전히 구멍이 있고 지속적인 트레이닝은 끝없는 마라톤과 같다. 그럼에도 불구하고 멈추지 않는 업그레이드 된 시스템과 반복 훈련은 영원히 강조해도 부족하지 않다.

리더는 자신이 이끄는 사람들에게 자신이 생각하는 비전과 계획을 잘 공유하고 나눠야 한다. 그 회사에 맞는 특징대로 시스템이 잘 갖춰져 리더 스스로 뛰어다니면서 회사의 미래와 비전을 이야기하지 않아도 자연스레 잘 전달된다.

시스템은 모르고 열정만 있던 시절엔 인간적으로 대화하고 진정성을 나누고 으쌰으쌰 하면 오래도록 함께 일할 수 있는 줄 알았다. 하지만 백 마디 말로 장황한 미래 계획을 말하기보다 제대로 된 시스템이 조직의 힘을 기르고 리더를 믿게 한다는 걸 이제는 안다. 사람을 믿지 못해 시스템을 만드는 것이 아니라 사람을 지키기 위해 시스템은 존재한다.

4부

어떻게 쉽게 사라지지 않는 사업을 할 수 있을까?

: 트럭에서 매장 오픈,
인도네시아 진출까지 소신있는 확장의 비밀

01

돈, 기회, 명예가
저절로 따라오게 하는 법

무작정 찾아가 따낸 입점,
매출 1위 기록하다

내가 사는 유타 주에는 NBA 소속 농구팀으로 유명한 유타재즈의 농구장 외에도 축구장, 미식축구장, 야구장, 각 대학의 경기장 등 대규모 구장들이 많다. 한 번에 수만 명이 관람하는 경기장 내 매장 자리를 꿰차면 높은 수익을 올릴 수 있어서 입점 경쟁이 아주 치열하다. 구장에 입점하려면 구장을 찾는 다수의 사람들이 좋아하는 메뉴나 업체여야 하는 건 물론이고 자리가 별로 없어 인맥이 동원되기도 한다.

나는 사업을 시작할 때부터 반드시 이 구장들에 들어가고 싶었다. 들어가기만 하면 매출을 올릴 자신이 있었다. 하지만 직원 한 명 없이 트레일러 한 대를 끌고 다니며 아무도 모르는 한식을 팔고 있던 그때 우리를 환영하며 받아줄 구장이 있을 리 만무했다.

난 인맥도 없고, 돈도 없었지만 그렇다고 자신감이 없진 않았다. 무작정 부딪히기로 했다. 먼저 축구 구장인 리오틴토 스타디움에 들어가기로 마음먹었다. 유타 주는 축구가 인기 종목이고 경기 시즌이 되면 2만 명이 넘는 팬들이 구장을 가득 메운다. 리오틴토는 유타 주 내 유일한 프로축구 경기장이라 축구를 보려는 사람은 무조건 이곳으로 모이게 되어 있어 입점 경쟁은 늘 치열했다. 망설일 이유가 없었다.

무작정 찾아간 경기장 입구에서 우연히 마주친 직원을 통해 리오틴토 경기장 내부의 모든 음식판매권은 대형 외식기업인 레비요식업Levy Restaurant이 운영한다는 점과 사무실 위치만 듣고 담당자를 찾아가 다짜고짜 물었다.

"불쑥 찾아와서 죄송하지만 딱 5분만 시간 내줄 수 있나요?"

담당자는 약속도 없이 찾아온 내게 무뚝뚝하게 말했다.

"딱 5분만 주죠."

미국에선 약속을 하지 않고 하는 미팅은 비즈니스 매너가 없다고 생각하기 때문에 불쑥 나타난 내가 무척 무례해 보였을 것이다. 게다가 짧은 영어로 한 번도 먹어보지 못한 한국 음식을 경기장에서 팔겠다고 왔다니 시간 낭비라고 생각했을 것이다. 난 내가 아는 모든 영어단어와 문장을 동원해 최대한 의욕 넘치는 표정과 행동으로 설명하기 시작했다.

완벽한 영어 말고
적당한 타이밍과 센스면 오케이!

외국인이 미국인과 소통을 잘하려면 '영어문장을 얼마나 완벽하게 잘 구사하느냐'가 문제가 아니다. 적절한 타이밍에 던지는 센스 있는 멘트, 상대방에게 유쾌함과 편안함을 줄 수 있는 유머가 대화의 분위기를 바꾼다. 똑똑함이나 지식이 아니라 재치와 유머야말로 상대의 호감을 사는 비결이다.

영어를 잘 못하는 내가 가장 자신 있는 건 대화하는 상대가 날 보며 '애 도대체 뭐지?'라고 느끼도록 궁금증과 호기심을 유발하는 것이었다.

단 5분만을 약속했던 담당자는 20분이 넘도록 내 이야기를 들어줬고, 대화를 마무리할 때쯤 나는 담당자가 대답할 틈도 주지 않고 대뜸 물었다.

"여기 사무실에서 모두 몇 명이 일합니까?"

"30명 정도 돼요. 대부분 주방장들이죠."

"그럼, 저한테 기회를 줄 수 있겠습니까? 제가 이 사람들 모두에게 점심을 대접해도 될까요? 만약 주방장들 중 단 한 명이라도 맛이 없다고 하거나 맘에 안 든다고 한다면 우리랑 일 안 해도 됩니다."

비즈니스를 아무리 잘 설명한다고 해도 왜 우리가 이 경기장에 최고로 적합한지는 검증할 수 없다. 우리는 외국인이 운영하는 소규모 푸드트럭일 뿐이니까.

우리가 어떻게 손님을 즐겁게 하는지, 얼마나 빨리 서빙하는지, 어떤 열정적인 분위기를 경기장에 가지고 올 수 있는지를 증명할 수 있는 가장 빠른 방법은 어떻게 일하는지 직접 보여주고 우리 음식을 맛볼 수 있도록 대접하는 게 최고다.

'열 마디 말보다 한 그릇 밥이지.'

경험상 공짜 밥 싫어하는 사람은 거의 본 적이 없다.

일주일 뒤, 트럭장사를 해야 하는 종근이 형을 대신해 형의 아내 진영 누나와 함께 둘이서 음식 30인분을 가지고 다시 리오틴토 스타디움을 찾았다. 우리는 주방장들이 주문할 때마다 진짜 손님을 받는 것처럼 우렁찬 목소리와 재빠른 속도로 음식을 서빙했다. 평소엔 조용하기만 하던 진영 누나의 목소리가 그렇게 큰 줄은 그날 처음이자 마지막으로 들어본 것 같다. 서빙을 하는 데 주방장들 중에 유독 눈에 띄는 사람이 한 명 보였다. 하얀 주방장 옷을 입고 우릴 가만히 지켜보는 포스가 남달랐다. 내가 컵밥을 하나 만들어 가져다주며 말을 건넸고 이내 많은 대화가 오갔다. 그런데 이럴 수가! 그는 미 전

꿈에 그리던 리오틴토 경기장에 입점한 우리. 미팅 날짜도 잡지 않고 다짜고짜 찾아가 음식 대접을 제안했다. 우리는 입점을 따내고 구장 내 매출 1위를 차지했다.

역에 퍼져 있는 리오틴토 스타디움의 음식을 주관하는 최고 주방장이었다. 그 사람으로부터 한국 음식에 대한 찬사와 칭찬을 들으며 대접을 무사히 마쳤다. 점심시간이 끝날 무렵 우릴 초대한 담당자가 와서 말했다.

"난 당신들 에너지가 참 맘에 듭니다! 한번 해 봅시다!"

30명 전원이 만장일치로 우리 음식을 좋아할 거라 생각하고 자신감 있게 마련한 자리는 아니었다. 입맛은 제각각일지라도 하이파이브하며 기분 좋게 서빙하는 서비스를 싫어할 사람은 없을 거라 생각했다. 한마디로 음식과 서비스를 합쳐 상대방의 마음을 모조리 훔칠 자신이 있기 때문에 던진 거래였다. 결국 그런 의도가 제대로 먹혔다.

구장에 입점하면 많은 손님들을 서빙해 단시간에 높은 매출을 올릴 수 있다는 장점도 있지만 장사를 제대로 하지 못해 어느 정도의 매출을 넘기지 못하면 오히려 손해를 볼 수도 있다. 하지만 우린 매점 입점 첫 해에 리오틴토 경기장 내 매출 1위를 기록하며 경기장에 축구만을 위해서가 아닌 컵밥을 먹기 위해 찾는 손님들까지 만들어가기 시작했다.

한국에서 KBS 「다큐 공감」 촬영을 하러 왔을 때다. 경기 중인데도 우리 매장 앞에 길게 줄을 늘어선 손님들 중 한 명에게 인터뷰를 했다.

"경기 안 보세요?"

"컵밥을 먼저 먹으려고요. 컵밥 때문에 경기장에 오는 게 기다려져요."

다른 가게는
단 한 번도 예외가 없었습니다만

우리는 일요일에는 절대 일하지 않는다. 주말에는 가족과 시간을 보내고 교회에도 가며 휴식을 취하는 것이 원칙이다. 간혹 사람들은 '매출을 많이 올릴 수 있을 텐데 일할 수 있는 사람들은 일하면 되는 거 아니에요?'라고 묻는다. 하지만 회사 대표들은 주말마다 안식일도 지키고 가족과도 시간을 보내는데 직원들에겐 일하라고 하는 건 옳지 않다. 내 신념을 지키느라 다른 사람에게 대신 돈 벌게 하는 건 꼼수일 뿐이다. 지금까지도 프랜차이즈 매장은 지점장의 선택이지만 직영점들은 모두 일요일에 문을 닫는 것을 원칙으로 한다.

매출 1위를 기록하며 리오틴토 경기장에서 일했지만 마냥 즐겁지만은 않았다. 바로 일요일 경기 때문이다. 이곳에 입점하고 싶은 마음에 경기 스케줄과 계약서를 꼼꼼히 따져보지 않았는데, 알고 보니 플레이오프가 되면 일요일에 경기가 열릴 가능성이 있었고 그러면 그날엔 일요일이라고 하더라도 매장을 열어야만 했다. 어쩔 수 없이 계약을 이행하기 위해 그 해엔 경기장에 참석했지만 문제는 다음 해였다.

1년 뒤, 리오틴토 스타디움과의 재계약 날이 나가왔다. 이번엔 계약서를 꼼꼼히 보며 일요일 경기 스케줄부터 확인했는데, 아뿔싸, 내년에는 일요일 경기가 더 늘어나 있었다. 리오틴토 스타디움에서 올린 매출은 훌륭했고 무엇보다 광고 효과가 탁월했지만, 원칙을 현실과 타협할 순 없었다. 한 번 흔들린 중심은 앞으로도 이윤을 쫓아 흔들릴 것이기 때문이다.

'일요일에 장사해야 하면 재계약은 없다.'

첫 번째 계약이 끝나던 날, 우리와 첫 계약을 했던 담당자는 당연히 재계약을 하러 온 거라고 생각하고 있었다.

"당신들과 일하는 것도 너무 좋고, 작년에 정말 훌륭한 매출로 시즌을 마무리 할 수 있었던 것도 감사해요. 그런데 작년 계약서에 일요일 경기에 문을 열어야 하는 걸 확인하지 않은 채 사인을 해버렸어요. 우리는 일요일에 일하지 않습니다. 올해는 일요일 경기가 더 많은 것 같은데 일요일에도 일을 해야 한다면 아쉽게도 재계약을 할 수 없어요."

우리의 원칙을 정중히 전했고 작별 인사를 하려는 우리에게 담당자가 말했다.

"다른 매장들에게는 지금까지 단 한 번도 이런 조건을 줘 본 적이 없어요. 그런데 난 당신들과 계속 함께 일하고 싶습니다. 일요일 경기는 빼주도록 하죠. 대신 조건이 하나 있어요. 지금 있는 북쪽 매점 말고 동쪽에도 부스를 하나 더 열어줬으면 좋겠어요."

'뭐라고? 내가 잘못 들었나? 계약을 끝내는 게 아니라 매점 하나를 더 내라고?'

심장이 쿵쾅거렸다. 우리가 옳다고 믿는 원칙을 지키기 위해 돈도 포기하려고 했는데 오히려 더 큰 기회가 주어졌다. 우리는 두 번째 해에도 경기장 내 매장들 중에 가장 높은 매출을 기록했다.

가격을 올려야 한다면
여기서 영업하지 않겠습니다

리오틴토 경기장에 입점한 지 세 번째 해에 구장 측에서 수익을 높여달라고 요구했다. 컵밥 가격을 올려서 상승한 수익 비용을 메우라는 요구였다. 지금도 구장에서는 다른 매장들과 다르게 높은 가격을 받고 있는데 가격을 더 올리라고?

경기장에는 대회 때마다 수만 명의 사람들이 오고, 우리는 매출이 높으니 가격을 올려 더 많은 수익을 가져가길 원하는 건 구장으로선 당연했다. 하지만 이미 프리미엄이 높게 붙은 가격을 더 높여서 받는 건 옳은 일이 아니었다. 푸드트럭이나 가게에서 파는 가격과 형평성이 맞아야 했다. 게다가 농구 경기장과 미식축구 경기장의 매장도 음식값은 축구 경기장과 똑같은 가격으로 맞춰져 있었는데 이곳

"일요일에 일해야 하면 재계약은 할 수 없습니다."

"단 한 번도 그런 적이 없지만, 당신들은 예외로 하죠.

대신 매장을 하나 더 만들어 줘요."

"네?"

만 더 올린 순 없었다.

"고객들에게 더 많은 돈을 요구하는 것은 무리입니다. 지금도 경기장 밖과는 많은 차이가 있어요. 그래서 50% 수익 배분은 어렵습니다."

그런데 시즌이 시작되기 한 달 전에 다시 연락이 왔다. 45%는 어떻겠냐는 제안이었다.

"이건 돈에 대한 문제가 아니라 우리 스스로 고객에게 하는 서비스 약속입니다. 다시 한 번 미안하지만 가격을 올릴 순 없습니다. 가격을 올려야 한다면 재계약을 할 수 없습니다."

정중하게 딱 잘라 말하곤 전화를 끊었다. 그런데 며칠 지나지 않아 또 연락이 왔다. 예외적으로 지난해와 같은 수익배분을 유지할 테니 이번 시즌에도 함께했으면 좋겠다는 거다.

일을 하고 사업을 하면서 상황에 따라 갈대처럼 흔들리지 않고 반드시 지켜야 하는 소신을 결코 포기하지 않는 게 중요하다. 지켜야 하는 기준선이란 건 한 번 어기고 두 번 어기게 될 때 더 이상 기준으로서의 역할을 상실한다.

일을 하다 보면 현실과 타협하지 않을 용기를 시험받는 듯한 상황을 종종 마주한다. NBA의 레전드로 불리는 농구선수 칼 말론이 전화하던 날도 그랬다. 어느 날 칼 말론이 직접 전화해서 VIP 케이터링을 해달라고 부탁을 했는데 하필 그날이 일요일이었다. 반드시 인맥으로 만들고 싶은 칼 말론이였지만 여지없이 거절을 했다. 그런데 그 다음 해에도 그리고 그 다음 해에도 또 그 다음 해에도 계속 연락을 해서는 일요일에 케이터링을 해줄 수 없냐며 부탁을 했다.

'이번 딱 한 번만 해볼까? 매번 거절하기가 너무 미안하잖아. 슈퍼스타의 부탁인데.'

이런 유혹들이 매번 우리 마음을 뒤흔든다. 몇 번 원칙을 어길 뻔한 유혹을 겪고 나서는 유혹이 될 만 한 건 쳐다보지도 않는 연습을 하고 있다. 사람은 완벽하지 않기 때문에 모두가 괜찮다고 말하면 어느샌가 자기도 모르게 '괜찮은 건가?' 하고 슬쩍 그 환경에 적응해버린다. 유혹을 받을 만한 일은 환경을 만들지도 말고 돌아도 보지도 않는 게 낫다. 작은 것 하나라도 지키면 지킬수록 점점 더 소신이 분명하고 확고해진다. 처음엔 소신 때문에 잃는 게 생기는 것 같아 갈등이 될 때도 있지만 결국 바로 그 소신 때문에 더 크게 얻는 것들이 생기기 마련이다.

3,500만 원짜리 광고판에 무료로 광고를 해주겠다고요?

미국 남자들이 미식축구 말고 또 가장 사랑하는 스포츠는 바로 NBA 프로 농구다. 유타에도 유타 재즈라는 프로농구팀의 홈구장이 있는데 경기뿐만 아니라 유명 콘서트 및 회사 컨벤션을 하는 대규모 구장이다. 우린 당연히 컵밥을 열었을 때부터 이곳에 입점하고 싶어 했다. 트럭 장사를 시작한 초창기에 경기장 밖 도로 주차장에 트럭을 대고 3일 동안 무려 2,000만 원 이상 매출을 올리기도 했던 곳이다.

전 NBA 농구스타 칼 말론이 운영하는 도요타 딜러샵에서 직원파티를 할 때 케이터링을 할 기회가 있었다. 농구 광팬이던 종근 형은 무척 좋아했다. 서빙을 하면서도 칼 말론을 찾느라 눈과 마음을 밖에 두고 있던 그때 훌쩍 큰 키에 훤칠한 웃음을 가진 사내가 줄에 서 있었다. 바로 칼 말론이었다. 재즈팀의 전설이자 유타에서 가장 사랑받았던 농구스타 칼 말론이 우리 눈앞에 서 있었다.

음식 서빙이 끝나고 칼 말론에게 가 넌지시 물었다.

"우리가 유타재즈에 입점하려고 별의 별 일을 다 해봤는데 담당자를 만나기가 힘드네요. 혹시 저희가 연락할 만한 사람과 연결 좀 시켜줄 수 없을까요?"

그랬더니 칼 말론이 웃으면서 답했다.

"오늘 컵밥을 보니까 말이죠, 굉장히 재밌고 에너지가 넘치고 게다가 빠르기까지 해요. 일단 제가 세 그릇이나 먹었고요. 지금 유타재즈에서 당신들을 부르지 않는 건 아직 컵밥이란 존재를 몰라서일 뿐이에요. 먼저 가서 이야기하는 것과 유타재즈에서 당신들에게 먼저 연락을 하는 건 거래 조건 자체가 완전히 달라질 수 있는 일이에요. 나도 그랬거든요. 그러니까 지금은 기다리세요. 이렇게만 잘하

전설적인 NBA 스타 칼 말론은 몇 번이나 직접 전화해서 케이터링을 부탁했지만, 일요일에 영업하지 않는다는 우리의 방침을 깨뜨릴 수는 없었다.

고 있다면 반드시 그쪽에서 먼저 연락이 올 거예요."

칼 말론에게 조언을 듣고 6개월이 지났을 무렵, 입점하려 갖은 애를 다 써도 들어갈 구멍이 보이지 않던 유타재즈 경기장에서 정말로 먼저 연락이 왔다. 속으로는 쾌재를 부르며 겸손하게 미팅에 참석한 우리를 유타 재즈 담당자들은 따뜻하게 맞아주었다. 화기애애한 분위기 속에 대화를 이어가던 중 가장 중요한 질문을 던졌다.

"이곳에 처음부터 오고 싶었어요. 모든 게 완벽해 보이고 같이 일할 분들도 너무나 맘에 듭니다. 그런데 가장 중요하게 고려할 건 우린 일요일에 일하지 않는다는 점입니다."

그런데 담당자의 반응에 우리가 오히려 깜짝 놀랐다.

"당신들이 일요일 날 일하지 않는다는 걸 이미 알고 있어요. 리오 틴토 스타디움에서도 그랬잖아요. 알고 연락한 겁니다."

더욱 놀란 건, 일요일에 영업하지 않도록 특별히 혜택을 주는 것도 감사한데, 입점하면 광고판에 무료로 광고까지 해주겠다고 했기 때문이다. 다른 외부 업체들은 1년에 3,500만 원씩 돈을 들여 광고하는 경기장 내 대형 광고판에 말이다. 칼 말론의 조언을 듣지 않고 어떻게든 먼저 연락을 해 입점을 요구했다면 아마 이런 훌륭한 조건으로 계약할 수 없었을 것이다. 수익배분 역시 다른 경기장보다 조건이 좋았다.

현실과 타협하며 조건을 바꿔왔다면 우리는 상대방이 원하는 대로 비위를 맞춰주는 사람들이 되지 않았을까? 소신은 어떤 방향으로 나아가기 위한 나침반과 같다. 어디로 어떻게 갈지 언제나 자신의 선택에 달렸다. 상황에 따라 이 방향 저 방향 마구잡이로 바꾼다면 아무리 좋은 나침반이라도 무존재, 무쓸모와 같다.

회사 운영도 마찬가지다. 이윤을 내는 것만큼 중요한 게 바로 회사의 소신이다. 소신을 지키는 것은 회사의 중심을 지키는 것과 같다. 때로는 그게 손해처럼 보일지도 모른다. 하지만 소신은 생각이나 관점과는 다르다. 결코 타협하면 안 되는 중심이다. 어떤 소신을 가지고 있는지는 어떤 회사를 만들어 갈지에 대한 방향성이다. 아무리 세찬 유혹이 몰려와도 쓰러지지 않을 회사를 세우고 싶다면 기준과 기본을 어떻게 다질지 스스로 되돌아보아야 한다.

02

모두가 망해서 나간 장소도 우리가 하면 다르다

낡고 좁아서 절대 안 된다고?
우리랑 꼭 닮았잖아!

푸드트럭이 세 대로 늘고 두 군데 대형 경기장 내에 입점했지만 매장은 하나도 없던 때였다. 규모에 맞게 사업을 늘리자는 원칙이 있었지만 가게는 반드시 내어야 한다고 생각하며 기회를 노리고 있었다. 하루하루 바쁘게 음식을 팔던 어느 날 케빈이라는 사람이 찾아왔다.

"당신들의 컨셉, 음식, 에너지, 서비스 모두 내 맘에 들어요. 함께 가게를 열어 볼 생각은 없나요?"

'투자자가 되어 준다는 건가? 프랜차이즈를 달라는 건가?' 미심쩍은 질문들을 이어가다 케빈이 투자자겸 비즈니스 컨설턴트로 요식업에 경험이 많다는 사실을 알게 되었다. 좋은 비즈니스 컨셉을 찾아 키워온 사람인데 우리 사업이 굉장히 마음에 든다며 적극적인 구애를 해왔다.

경험 많은 전문가의 구애를 마다할 필요가 없었다. 케빈과 손을 잡고 우리의 첫 번째 가게를 열기로 했다. 첫 번째 가게인 만큼 위험 부담이 적고 임대료가 저렴한 곳을 공략했다.

"일단 한다, 무모하지는 않게"

사업 초창기 돈이 없을 때나 돈을 벌어 투자금이 생긴 때나 무리한 위험 부담을 안고 가는 사업 확장은 지양한다.

여러 곳을 물색하던 중 유타 주 내 최고 대학교인 브리검영대학교 Brigham Young University-Povo 근처에 5평 남짓 되는 허름한 자리를 하나 찾았다. 몇 년 동안 그곳에서 문을 연 식당들이 줄줄이 망해 나간 탓에 건물주는 대환영을 했고, 한 달에 550달러(한화 약 57만 원)란 파격적인 임대료에 계약을 해주었다.

"첫 가게를 왜 하필 거기서 내냐? 골목 안으로 쑥 들어가 있어서 길거리에서 보이지도 않는다."

"가게 크기가 너무 작아."

"여러 사람들이 망해서 나갔는데 다른 데서 하는 게 낫지 않아?"

주변의 쏟아지는 우려에도 난 그 장소가 꼭 맘에 들었다. 빈티지 느낌이 나는 동네가 우리와 많이 닮은 것만 같았다. 무엇보다 근처에 대학교가 있었기 때문에 잘만 하면 안정된 매출을 올릴 수 있겠단 생각이 들었다. 임대료가 저렴하다는 장점도 주요했다.

"이 조그맣고 당장 허물어질 것만 같은 외관을 어떻게 바꿀까?"

건물을 둘러싼 적색 벽돌은 도대체 나이를 얼마나 먹은 건지 가늠할 수 없을 정도로 허름했다. 그렇다고 해서 그 작은 가게에 돈이 많이 드는 리모델링을 하고 싶지는 않았다.

"건물을 조잡하게 페인트로 칠하기보단 트럭 모양으로 랩핑을 해보는 건 어떨까?"

가게 자체도 실제 트럭과 사이즈가 비슷했다. 주문을 하는 창문도 트럭 창문처럼 만들어 재미를 더했다. 결과는 기대 이상이었다. 푸드트럭 이미지와 너무나도 잘 어울리는 디자인은 빨간 벽돌이 의식되지 않을 만큼 멋졌다. 총 6만 7,000만 달러(한화 약 7,000만 원)의 소액 투자로 첫 매장을 열었다.

5평짜리 첫 매장,
하루 매출 4,500만 원

대부분의 레스토랑들은 오픈을 할 시점에 대대적으로 돈을 들인다. 가게를 홍보하고 고객들을 유치하기 위한 이벤트에 적지 않은 비용이 들기 때문이다.

하지만 우리는 그 모든 게 공짜였다. SNS 팔로워들 중 3만 명이 넘는 사람들이 이 지역에 살고 있었고 이들은 컵밥 첫 가게 오픈을 손꼽아 기다려 주고 있었다. 우리를 기다려 주는 고객들을 상대로, 무려 공짜로 광고를 할 수 있다는 건 엄청난 이점이다.

방학 기간 중 오픈이라 주고객인 학생들을 놓쳐야 한다는 난처하고 어려운 상황인데다 엎친 데 덮친 격으로 앉아서 먹을 수 있는 테라스도 아직 준비되지 않았는데 오픈 당일 날 하루 종일 비까지 쏟아졌다. 걱정과 달리 컵밥 오픈을 손꼽아 기다려준 주변 팔로워들과 그들의 친구, 가족들이 고맙게도 삼삼오오 모여들기 시작했다. 우리가 언제 어느 곳에 있든 나타나 주던 손님들은 가게 근처에 사는 사람들을 포함해 멀리 거주하는 사람들까지도 첫 가게 오픈 소식을 듣고 달려와 주었고, 우리보다 더 기뻐하고 환영해 주었다.

그 날의 세일즈 결과는 솔드 아웃, 완판이었다. 굳은 날씨에도 방문해준 고객들 덕분에 첫 매장, 오픈 첫날 4,500만 원 매출을 올리면서 대대적인 시작을 했다.

5평짜리 프로보의 첫 매장은 가게로서 가능성을 보여준 보석이다. 구석에 위치했지만 학기 중에는 오픈시간부터 마감 때까지 손님들의 발길은 꾸준했고, 독특한 외관 덕에 SNS에 자주 포스팅이 되면서 대학가 명물이 되었다.

매출도 오름세를 탔다. 5평 공간에서 한 달 매출이 6,500만 원까

모두가 망해서 나간 대학 근처 5평짜리 허름한 자리에 연 첫 매장. 오픈 당일은 방학 기간인데다 하루 종일 비까지 쏟아졌지만 SNS팔로워들 덕분에 첫날 4,500만 원 매출을 올렸다. 지금은 한 달 매출 6,500만 원을 기록하며 순수익이 50%까지 되는 황금알 가게다.

지 나온다. 값싼 임대료 덕에 순수익이 평균 40~50%가 되는 황금알 매장이다.

두려움과 미숙함으로 한 첫 출발이었지만 우리의 가능성을 다시한 번 시험해볼 수 있는 기회였다. 그래서 여전히 1호점은 특별히마음이 많이 가는 곳이다.

"행동하는 과정에는 위험과 대가가 따른다. 하지만 이는 나태하게 아무 행동도 취하지 않는 데 따르는 장기간의 위험과 대가에 비하면 훨씬 작다There are risks and costs to a program of action. But they are far less than the long-range risks and costs of comfortable inaction "

개혁과 진보의 아이콘 존 F. 케네디John Fitzgerald Kennedy의 말이다.

트럭에서 멈춰버릴 수 있었던 우리를 지금에 이르게 한 것은 바로 첫 매장 덕분이다. 프로보 매장을 오픈하면서 결심한 게 있다. 이번 도전이 성공한다면, 그 자리에 멈추지 않고 앞으로도 꾸준히 성장해 나가는 훌륭한 사업을 하고 싶다고. 케네디의 말처럼 위험하다고 그 자리에만 머물렀다면 나중에 그것이 우리에겐 더 큰 위험이 될지도 모른다. 창업할 당시 20대 남짓하던 푸드트럭이 3년도 채 안 되어 수백 대에 이르고 자리도 그만큼 경쟁이 치열해진 것처럼 말이다.

감당할 수 있는 만큼의 위험을 조금씩 극복하며 노력을 기울인 대가로 지금의 우리가 있다. 현재에 멈춰 있으면 시간이 흐를수록 인생은 퇴보할 것이라는 점을 항상 기억하며 첫 매장의 성공을 업고 앞으로 계속 전진해 나갔다.

망해서 나가는 자리
살려내기 전문

기회를 달라고 100번 문을 두드리면 어떻게 될까? 101번이 기다리고 있다. 우리에게 유타밸리학교 Utah Valley University 입점이 그랬다. 2년이 넘도록 100번이 넘게 문을 두드렸는데 한 번도 열리지 않았다.

그래도 끝까지 포기하지 않고 찾아가곤 했다. 부서에서 일하는 모든 사람들 얼굴을 익힐 만큼 찾아갔다. 과자도 사들고 가고, 크리스마스 같은 휴일에는 작은 선물도 들고 가고, 새로운 매장을 오픈할 때마다 초대도 했다. 대학교 행사에 트럭으로 참여하고, 이벤트에도 지원을 아끼지 않았다.

자리만 난다면 가장 먼저 꼽히는 업체가 우리가 되도록 꾸준히 관계를 이어가던 어느 날, 드디어 기회가 왔다. 새로 바뀐 담당 직원 호아킨은 우리의 열정과 에너지를 아주 높이 사며 적극적으로 학교에 어필해줬다. 유명 외식브랜드에 밀리던 학교식당 가게 자리를 살리려면 컵밥 같은 에너지가 필요하다며 학교에 약속까지 받아내며 우리를 추천했다. 유타에 연고도 하나 없고 학교 인맥 하나 없던 외지인이었는데 우리를 만난 날부터 다음 미팅까지 우리 뒷조사를 하는 등 갖은 성의를 보여줬다. 정말 고마웠다.

그런데 우린 아무래도 망한 자리와 인연이 있나 보다. 입점이 결정되었다고 기뻐할 새도 없이 첫 매장 때와 마찬가지로 장사가 안 돼서 몇 번이고 망해 나간 자리를 배정 받았다. 잘나가는 외식 브랜드가 있는 구역에서 반대편 끝에 걸치듯 있는 자리였지만, 그 브랜드 업체를 넘어서는 세일즈를 올리겠다는 목표를 가지고 오픈을 준비했다.

우리가 들어가기 전에 구내식당엔 7개의 매장이 있었다. 그 중에서도 샌드위치 전문점 서브웨이와 피자 전문점 피자헛Pizza Hut, 멕시칸 음식점 코스타 비다Costa Vida 같은 유명 브랜드의 매출만 높았다.

오픈까지 우리에게 주어진 시간은 단 일주일. 일주일 만에 학교 개학에 딱 맞춰 오픈한 우리를 보며 대학교 측은 인상 깊어 했고 우린 바로 이게 '코리안 파워'라며 자랑했다.

급하게 시작하면서도 어떡하면 첫 인상을 학생들에게 강하게 심어줄까 고민을 많이 했다. 구내식당엔 여러 가지 매장이 함께 있다 보니 튀는 이벤트를 하는 데 한계가 있다. 다른 가게들에 피해가 될 수도 있기 때문이다.

'어떤 이벤트를 하지? 나이대에 맞게 특이하고 재밌는 거면 좋겠는데.'

조용하게 할 수 있고 재밌으면서 기분 좋을 수 있는 이벤트인 보물찾기를 하기로 했다. 오픈 당일 아침 구내식당 근처 곳곳에 30장의 공짜 쿠폰을 숨겨뒀다. 학생들은 SNS를 보고 사진 속에 쿠폰을 숨겨둔 곳들을 잘도 찾아냈다. 쿠폰을 찾아 온 학생들은 컵밥이 캠퍼스에 들어온다는 이야길 듣고 얼마나 기분 좋았는지 모른다면서 우리만큼 활짝 핀 미소로 맞아주었다.

우리를 적극 추천했던 외식부 담당자 호아킨은 그것 보라며 자긴 컵밥이 이 자리에서 잘될 줄 알았다며 번번이 망하던 끝자리를 살려

트럭과 마찬가지로 매장도 우리의 대표색인 노란색과 검은색으로 인테리어 해 멀리서도 알아볼 수 있게끔 했다. '어서오십시오' '사랑' 같은 한국말을 디자인으로 사용해 우리 음식의 뿌리와 우리 정체성을 적극적으로 드러낸다.

낸 걸 뿌듯하고 자랑스러워했다.

오랜 기간의 노력, 우릴 추천해주고 지지해준 관련 담당자들, 그리고 기다려준 학생들, 유타대학교 입점을 위한 시간이 오래 걸린 만큼 고마워할 사람들도 많다.

대학교나 경기장엔 인맥과 유명세에 따라 많은 노력 없이도 선택되어 입점한 가게들이 많기에 우리는 그런 업체들에 밀려 초기엔 많은 고배를 마시기도 했다. 하지만 원래부터 가진 게 아무것도 없었던 우리는 인맥이나 유명세가 아쉬워본 적이 한 번도 없다. 가진 거라곤 시간과 노력 그리고 끈기, 그리고 그런 과정 속에서 만들어진 사람들과의 인연이 자산이다. 유타밸리대학교 입점이 그랬다.

쿠폰 사업 고릴라 VIP 때부터 컵밥까지 우리를 보아왔던 담당부서 사람들은 우리가 어떻게 시작했고 어떤 노력을 해왔는지 뻔히 알았다. 바닥에서부터 당당히 일어선 우리의 모습을 높이 평가해 주었고, 입점을 위해 미팅에 들어가는 우리 등 뒤에 '이번엔 꼭!'이라며 응원을 해줬다. 아무런 인맥이 없던 담당자 호아킨은 느닷없이 우리를 추천한 게 아니라 주변 사람들에게 한마디 한마디를 들었기 때문이었다.

미국의 소설가이자 저널리스트인 척 팔라닉Chuck Palahniuk은 말했다.

"나의 어느 부분도 원래부터 있었던 것이 아니다. 나는 모든 지인들의 노력의 집합체다Nothing of me is original. I am the combined effort of everything I've ever known."

우리 역시 아무것도 없던 처음부터 지금까지 올 수 있었던 건 우리를 지켜보며 기꺼이 지지해주는 주변 인연들의 도움 덕이 굉장히 컸다. 사업을 하면서 돈보다 더 크게 얻은 재산이 사람이다.

세계 4번째로 인구가 많은 나라 인도네시아로 진출

작은 인연도 소중히 하면
운명이 바뀐다

사업을 하다 보면 많은 인연들이 생긴다. 원하고 필요해서 만나는 인연도 있고, 뜻하진 않은 곳에서 우연처럼 만들어지는 인연도 있다. 얽히고설키는 관계 속에 부대끼다 보면 기억하고 싶지 않은 사람도 생기고 가슴 설레게 하는 사람도 얻기 마련이다. 후자의 인연은 새로운 것을 만들어 보고 싶은 희망을 꿈틀거리게 한다. 그중 내게 가장 큰 설렘을 준 인연은 단연 인도네시아 매장을 열게 된 사연이다.

트럭 한 대를 몰고 다니던 초창기 때 유독 눈에 띄는 손님 두 명이 있었다. 작은 키에 소년 같은 귀여운 얼굴의 형제 손님은 트럭이 어딜 가든 좇아 다녔다. 알빈Alvin Wang과 데빈Devin Wang이라고 소개한 그들과 가까워지기까지 그리 오래 걸리지 않았다. 너무 많이 와서 잊으려 해도 잊을 수가 없었으니까.

보통 사람들은 음식을 사서 차에 가져가 먹든지 집에 가져가 먹는데, 이 친구들은 트럭 앞에 서서 후루룩 마시듯 먹곤 했다. 그래서 항상 배가 많이 고픈 모양이라며 밥을 듬뿍 리필해 주곤 했다.

어느날은 주로 장사하는 데서 한 시간도 넘게 떨어진 곳에 간 적이 있었다. 그날따라 줄이 엄청 길었는데 그 긴 줄 속에 그 친구들이 또 서 있었다. 이번에는 엄마, 아빠, 이모, 삼촌까지 온 가족이 총 출동해 기다리고 있었다.

"이렇게 먼 곳까지 어떻게 왔어?"

"컵밥이 너무 먹고 싶어서 왔어."

한 시간 동안 차를 타고 그 먼 곳까지 와주다니, 고마운 마음에 음식과 음료수를 무료로 주었다.

알빈과 데빈이 트럭을 좇아다닌 지 1년 정도 됐을까. 어느 날 그들이 대뜸 물었다.

"우리가 컵밥 프랜차이즈를 내면 어떨까?"

"응? 어디에?"

"인도네시아."

처음엔 가볍게 웃어 넘겼다. 그런데 진지한 그 친구들의 표정에 농담이 아니구나 싶었다. 왜 이걸 하고 싶냐고 물었을 때, 컵밥이 매일 먹고 싶어서 그렇다는 알빈의 대답을 생각하면 지금도 웃음이 난다.

장비도 제대로 갖추지 못한 채 홈런부터 쳐버린 우리는 관리 시스템을 갖출 틈도 없었던 때라 직접 손이 닿지 않는 프랜차이즈는 염두에 두고 있지 않았다.

"현재로선 프랜차이즈를 열 생각은 없어. 하지만 이렇게 하면 어떨까? 너희가 우리를 1년 더 따라다니면 그때 생각해 볼게. 우리가 그때까지 망하지 않고 잘 하고 있고, 네가 그때도 우리를 좋다고 하면 그때 다시 이야기해 보자."

시간이 지나 우리는 푸드트럭도 늘었고 매장도 냈다. 그리고 약속대로 첫 오픈 날마다 모든 장소에 알빈과 데빈은 찾아왔고 1년이 지나도록 트럭을 따라다녔다. 그러다 어느 날 그들은 곧 대학교를 졸업하고 본국으로 돌아간다며 지난 1년간 충분히 생각했으니 프랜차이즈를 열자고 이야기를 꺼냈다.

1년 전 농담처럼 던진 한 마디를 진지하게 지킬 줄이야. 난 당황했다. 아무리 친한 손님이라고 해도 내가 그들에 대해 아는 건 고작 컵밥을 정말 좋아한다는 거랑, 자동차 5대를 번갈아 타고 오는 특이한 친구들이라는 점뿐이었다.

"야, 너 정말 끈질기다. 우리는 한 번도 프랜차이즈에 대해서 생각해 본 적이 없었는데 그럼 진지하게 이야기해 보자."

끈질긴 구애에 난 '그래? 그럼 한번 이야기나 해 볼까?'라며 가볍게 시작했지만 이내 그들이 진심이란 걸 알아차렸다. 얼마 지나지 않아 프랜차이즈에 대한 진지한 이야기가 오고 가기 시작했다.

"당신들의 색깔과 열정을
이곳에도 나눠 주세요"

직접 시장을 보고 난 뒤 진행 여부를 결정하기 위해 태어나 한 번도 가본 적 없는 나라로 떠난 나는 현지에서 알빈네 회사의 규모를 보고 한동안 넋이 나갔다. 알빈의 가족이 사업을 한다는 이야기는 들었지만 대수롭지 않게 여기고 잊어버리고 있었는데 알고 보니 인도네시아에서 손에 꼽히는 대기업일 줄이야!

인도네시아는 인구가 2억 6,000명이 넘으며 세계에서 4번째로 많은 인구를 자랑한다. 알빈은 그런 인도네

트럭을 1년 내내 따라 다니고 우리에게 프랜차이즈 승인을 받은 알빈은 알고 보니 인도네시아 대기업 카완 라마 집안의 자녀였다. 사진은 우리에게 파트너십을 제안한 알빈의 삼촌 쿤코로 위도우 회장이다.

시아에서도 20위 안에 꼽히는 대기업인 카완 라마Kawan Lama의 위도우Wibowo 집안 사람이었다. 카완 라마는 미국의 에이스 하드웨어Ace Hardware 체인점을 인도네시아에 180개를 운영 중이며 그중 하나는 세계에서 가장 큰 스토어로 기네스북에도 올라 있다. 모회사 밑으로 운영하는 자회사도 20개 정도 되는데, 쇼핑몰, 호텔, 요식업 등 인도네시아 곳곳에 손이 미치지 않는 곳이 거의 없는 기업이다.

인도네시아 요식업 시장은 자체 브랜드보단 외국에서 수입된 브랜드가 대부분이고 요식 쪽으론 최근 일본과 한국 음식이 선풍적인 인기를 끌고 있어서 진출한 브랜드가 꽤 많다. 더운 날씨 탓에 쇼핑몰 안에 거의 모든 것을 다 갖추고 있다는 점 또한 굉장히 흥미로웠다.

그런 인도네시아 시장에 알빈과 데빈 형제는 대학을 졸업하고 막 경영 수업을 시작하는 첫 프로젝트로 컵밥을 선택했다. 출장이 끝나가던 즈음에 알빈의 삼촌 쿤코로 위도우 카완 라마 그룹 회장이 우리가 성장한 과정과 앞으로의 계획 이야기를 한 시간가량 듣더니 대뜸 파트너십 제안을 했다.

"당신에게서 열정을 보았어요. 당신의 색깔은 굉장히 확고하고 분명하네요. 이 분명한 색깔을 인도네시아에도 불어넣어야 한다고 봐요. 이걸 계기로 서로를 테스트해보기로 하죠. 이제 우린 가족입니다."

카완 라마 기업은 티Tea 음료 전문 브랜드 챠타임Chatime을 인도네

인도네시아 1호점. 프랜차이즈로 내려고 했던 애초의 계획과 다르게 파트너십을 하기로 했다. 서로의 장기적인 성장 가능성을 높게 보고 책임을 더 지기로 했다.

시아에 들여와 수백 개가 넘는 체인으로 키워낸 경험이 있었다. 프랜차이즈를 할 경우 매매금과 로열티를 받는 것에서 끝이 나지만 파트너십을 할 경우 지분을 나눠 갖는 만큼 경영에 대한 참여와 그에 관련한 책임을 함께 져야 했다. 거리상 멀다는 부담도 컸지만 장기적으로 기회가 충분했다. 프랜차이즈가 아닌 파트너십을 한다면 지금 당장은 좋은 수익이 나지 않을 수 있겠지만, 지점이 늘어날수록 더 유리해질 거라는 데 서로가 동의했다.

회의를 마치고 나오면서 알빈은 삼촌이 이런 거래를 하는 걸 본 적이 없다며 놀라움과 흥분을 감추지 못했다. 투자금이나 비용은 모두 카완 라마 회사에서 대기로 했다. 현지화에 맞춰 안정이 될 때까지 적극적인 도움을 받기로 했다.

2016년 4월 시작한 인도네시아 1호점을 시작으로 현재 3호점까지 오픈했고, 올해 말까지 2개 매장을 더 오픈할 계획에 있다. 나는 기회를 싹싹 긁어 미래를 가늠해 보고 싶다. 그것이 지금 할 수 있는 최고의 투자다. 인도네시아에서 지금 쌓고 있는 건 미래를 위한 경험이자, 우정이자, 믿음이다.

04

우리가 문화를 파는 이유

음식만 팔아서는 절대 얻을 수 없는 것들

뜨거운 열기가 풀풀 끓는 트럭 안에서 진땀을 뺏던 건 한 푼이라도 더 벌기 위해서였다. 아침부터 저녁까지 다리가 팅팅 붓도록 서서 일해도 행복했던 이유는 사랑하는 아내와 다섯 아이들이 있어서였다. 다행히 사업은 가족을 부양하고 지킬 수 있게 성장하고 있어 감사했다.

나와 가족만 생각하며 달려왔는데 어느새 내 마음엔 한국 음식 컵밥이라는 자부심이 들끓는다. 테리야끼 소스라는 말 대신 불고기 소스, 교자 대신 만두라고 가르쳐 주고 서비스 하나 더 얹어주며 우리

221

한국말을 하면 서비스를 주는 이벤트를 열 때면 고객들은 트럭 앞에 줄을 서서 각자의 휴대전화로 구글 번역을 해 부지런히 한국말을 연습해 말했다. 생전 모르는 나라 말을 더듬더듬 말하는 고객들을 대하다 보면 가슴 깊숙이 뭉클한 마음이 든다.

네 정을 가르쳐 주다 보니 마음가짐도 태도도 처음과 많이 달라졌다. 단순히 가족을 먹여 살리는 수단이 아닌 한국 문화를 전달해 주는 채널로 만들어가기 시작했다. 자연스레 사업을 통해 문화 전도사가 되고자 하는 소망이 생겼다.

지금껏 수많은 문화 행사 및 이벤트를 진행했다. 처음부터 큰 규모였던 건 아니다. 초창기엔 불고기란 단어보다 테리야끼가 더 익숙한 고객들에게 메뉴 이름부터 제대로 가르쳐 주기 시작했다. 고객이 'potsticker(만두의 미국식 명칭)'를 달라고 하면 "만두 달라고 하면 서비스를 준다"며 한국어를 가르쳐줬고, 아무 말이나 좋으니 한국말을 하면 서비스를 주는 이벤트도 많이 열었다.

즐겁게 일하는 게 좋아 시작했던 조그마한 이벤트들이 해를 거듭할수록 성장했다. 2016년 1월엔 첫 소셜다이닝 이벤트 '밥심'을 열었다. 첫 소셜다이닝 이벤트엔 SNS 홍보를 통해 약 200명의 고객들을 초청했는데 포틀랜드 한국 푸드트럭으로 유명한 김종그릴과 함께 호떡, 김치 만들기 시현 및 한국 어린이들의 사물놀이 공연까지 곁들이며 즐거운 파티를 열었다. 다른 한국 음식 뿐 아니라 한국이란 나라의 문화를 좀 더 나누고자 주최한 이 파티에서 한 미국 손님이 했던 말을 지금까지도 잊을 수가 없다.

"전 한국이란 나라가 어디에 있는지도 몰랐어요. 그런데 당신들을 알게 되고 좋아하게 되면서 한국이란 나라가 정말 궁금해졌답니다."

손님의 한마디가 한국 문화를 알리기 위한 마음에 불씨를 훅 하고 지폈다. 한국 문화를 알리는 채널이 되기 위해 회사를 더 발전시켜야겠다는 사명감이 더욱 불타올랐다.

한국을 알리는 채널이 되고자 하는 우리의 마음을 알았던 걸까?

이벤트를 지원해주는 한국 업체들이 속속 생겨났다. 삼진글로벌넷에서 보내준 어마어마한 양의 한국 물품으로 다양한 이벤트를 통해 우리나라 음식과 문화를 알릴 수 있었다.

우리가 주최하는 이벤트에 관심과 지지를 보내주는 한국 업체가 생기기 시작했다.

이런저런 문화 행사를 많이 한다는 소식을 듣곤 삼진글로벌넷에서 이벤트에 쓸 물건을 보내주겠다는 연락을 받았는데, 물건을 받은 우린 너무 놀라서 한동안 멍해 있었다. 과자와 음료부터 시작해

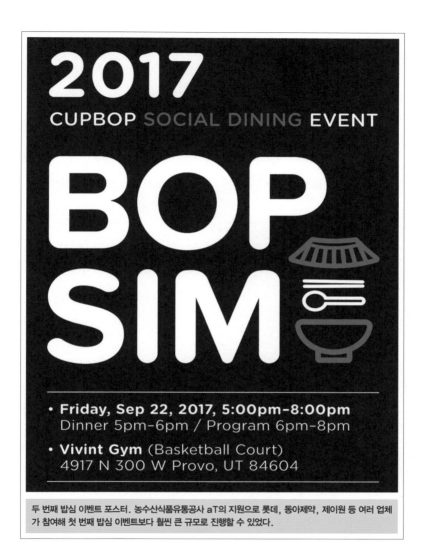

2017
CUPBOP SOCIAL DINING EVENT

BOP SIM

- **Friday, Sep 22, 2017, 5:00pm–8:00pm**
  Dinner 5pm–6pm / Program 6pm–8pm
- **Vivint Gym** (Basketball Court)
  4917 N 300 W Provo, UT 84604

두 번째 밥심 이벤트 포스터. 농수산식품유통공사 aT의 지원으로 롯데, 동아제약, 제이원 등 여러 업체가 참여해 첫 번째 밥심 이벤트보다 훨씬 큰 규모로 진행할 수 있었다.

참기름 그리고 김까지 어마어마한 양의 지원품을 보내준 것이다. 든든하게 곳간을 채우고 3개월이 넘는 동안 다양한 이벤트를 열 수 있었다.

　삼진글로벌넷의 지원을 시작으로 다른 한국 업체들에서도 관심을 기울여준 덕에 2017년도 9월엔 2년 만에 두 번째 밥심 이벤트가 열렸다. 첫 번째보다 더욱 커진 이벤트에는 특별히 한국농수산식품유통공사 aT의 지원으로 몇 개의 한국 업체가 참여했다. 롯데, 동아제약 등 각 업체에서 지원된 물건을 가지고 샘플 등을 선보였다. 사물놀이, 탈춤, 비보잉, 한국 전통의상 체험, 한국 전통 놀이와 같은 문화 공연 및 체험으로 이뤄진 행사에 초대되어 온 사람들은 이런 문화 이벤트는 처음이라며 칭찬을 아끼지 않았다.

　참여인원 전원에게는 음식 및 업체의 물품 샘플, 그리고 공연이 무료로 제공된다는 점 때문에 관심 있는 모든 사람들을 수용할 수는 없었다. 이벤트 참여 신청에 뽑힌 고객들에게만 초청장이 주어졌는데, 두 번째 이벤트엔 신

박카스는 이벤트에 당첨된 한 명에게 한국행 여행티켓을 선물하며 많은 관심을 받았다.

컵밥 매장에서 펼쳐지고 있는 사물놀이 공연. 한국 문화를 알리는 이벤트를 열고 김치 만들기, 태권도 시범 등 문화를 공유하고 함께 즐긴다.

청자가 너무 많아서 예상 인원보다 300명이나 넘게 사람들이 몰려와 총 800명이 넘는 인원이 행사장을 가득 메웠다.

이 행사에서 통 큰 물품 지원을 한 롯데도 돋보였고 특히 동아제약의 독특한 이벤트는 단연 사람들의 시선을 끌었다. 한국의 대표적인 에너지 드링크 박카스를 홍보하기 위해 박카스에 관한 동영상을 찍어 SNS에 올리는 사람들 중 한 명을 추첨해 한국행 여행티켓을 선물한다는 파격적인 상품을 내걸었다.

한국 음식과 문화를 전달하는 채널을 자처하면서 오히려 우리가 감동한 순간들이 더 많다. 우리를 계기로 태어나 처음으로 한국 음식을 먹어봤다며 한국이란 나라가 궁금해졌다는 사람들을 보며 컵밥이 단순한 음식이 아닌 문화를 함께 전달하는 곳이 되어야 한다는 다짐이 더욱 분명해진다. 그 사람들이 언젠가 한국 음식 혹은 문화를 접할 기회를 갖게 된다면 보다 다양하고 멋스런 전통 음식과 문화를 거부감 없이 좀 더 친근한 마음으로 받아들일 수 있지 않을까?

세계의 각 나라는 자기들만의 전통이 담긴 음식과 문화를 가지고 있다. 그리고 각자의 방식대로 아름다운 문화를 알리기 위해 끊임없이 노력한다. 특히 여러 문화와 인종이 뒤섞여 멜팅 포트Melting pot라고 불리는 미국에서 이민자들은 나름의 방식으로 자신들의 문화를 대표한다.

문화와 민족의 종류가 다양한 만큼 남들보다 두드러져 보이는 게 결코 쉽지 않은 미국에서 우리는 앞으로도 남들과는 조금 다른 관점과 방법으로 음식을 통해 '한국과 한식의 세계화'에 뛰어들어 볼 생각이다.

05

부가 주는 행복은 오래가지 않는다

처음 사업을 시작할 때 가진 거라곤 20년 된 낡은 트럭 한 대와 남는 시간 그리고 온 마음을 다할 수 있는 열정뿐이었다. 그리고 또 하나. 세상 무엇보다 든든한 가족이 있었다.

55도를 육박하는 한여름 트럭 내부도, 셔츠를 아침저녁으로 갈아입어야 할 정도로 살인적인 스케줄도 그저 즐거울 수밖에 없었던 건 우리를 해바라기처럼 지지해주는 가족이 있었기 때문이다. 종근이형네 다섯 식구, 지형이네 네 식구, 그리고 나의 일곱 식구까지 우리세 가족의 식구 수만 16명이다. 우리는 서로 가족의 행복을 위해 죽도록 열심히 뛰었다는 말 외엔 표현할 길이 없다.

'일요일에는 무조건 가족과 함께'라는 원칙은 아무리 바빠도 적어도 일주일에 한 번 이상은 가족과 시간을 보내는 게 인생에서 가장 중요한 가치라고 믿기 때문이다.

가족은 모든 힘의 근원이다. 사업의 성공도 중요하지만, 그보다 더 중요한 성공은 바로 가족의 행복이다. 돈 많이 벌어서 아내와 아이들이 풍요롭게 사는 것은 삶에 큰 여유를 가져다 줄진 모르나, 돈이 사랑과 행복을 사주진 않는다. 돈은 세상을 사는 데 있어 중요한 한 부분일 뿐 그것이 우선순위가 되어선 안 된다. 그 어떤 성공도 가족이 불행하다면 세상 그 어떤 것과 바꿀 수도, 보상할 길도 없다.

몇 십 억, 몇 백 억을 버는 사업가라도 늦은 저녁 지친 어깨를 위로해 줄 이 하나 없는 삶이라면 그 인생은 누굴 위해 그리고 도대체 무엇을 위해 사는 거란 말인가? 겉으로 보이는 화려한 명예와 부가 내면의 그늘까지 밝혀줄 수 있을까?

이 세상에서 우리가 가장 큰 기쁨과 행복을 느낄 수 있는 곳은 내 곁의 가족이 있는 곳이라고 난 굳게 믿는다. 바쁜 하루를 마치고 지친 몸을 이끌고 돌아온 나의 보금자리에 반갑게 맞아주는 사람들이야말로 내 인생의 안식처다. '가족은 나의 가장 큰 책임이자 나의 가장 큰 버팀목'이라는 식상한 그 말이 바로 내가 인생을 열심히 사는 가장 큰 이유다.

식당 쿠폰 사업인 고릴라 VIP를 시작한 첫 달에 50달러(한화 약 5

만 원)를 벌어와 내미는 날 보고 아내가 펑펑 울면서 "정말 수고했고, 고마워"라며 안아주던 게 엊그제 같다. 이제 시작이라며 나보다 더 기뻐하던 아내를 보며 무척이나 안쓰러운 마음에 고맙고 또 행복했다. 50달러면 어디 나가 우리 식구 조촐한 한 끼 식사할 돈 밖에 안 되는데 말이다. 그 때 생각했다.

'단돈 50달러에 고맙다며 웃을 수 있는 사람이 내 곁에 있는데 뭔들 못할까.'

아무리 어렵고 힘든 일이 있어도 아내가 절대 포기하지 않고 나를 믿어 줬기 때문에 뭐든지 할 수 있는 용기가 있었다. 일주일 내내 한 푼도 벌지 못하던 때에도 아내가 내게 가장 많이 해주던 '당신은 정말 대단한 사람이야. 난 당신이 잘 해낼 거란 걸 알아'라는 그 말이 내게 나의 능력과 부족한 재능까지 뛰어넘을 만큼 큰 초인적인 힘을 주었다.

어머니 장례식에도 못 가고
사업을 지켜야 했던 이유

이건 우리 가족뿐만이 아니다. 지형이가 컵밥 창업을 하고 3개월도 되지 않아 그만둔 적이 있다.

트럭 한 대에서 나오는 수입으로 세 가족이 먹고살 때다. 턱없이 모자란 수입이었다. 하지만 시작하자마자 반응이 좋아서 기대감을 가지고 열심히 일했다. 그런데 어느 날 갑자기 지형이가 일을 그만 두겠다고 했다. 양가 부모님들께서 학업을 이어가길 원하셔서서 그만 해야 할 것 같다는 얘기였다.

"왜 그만두려고? 지금 반응도 좋고, 이제 막 열매를 보려고 하는 데⋯⋯."

말은 그렇게 했지만 부족한 사정을 뻔히 알기에 지형이의 결정을 반대할 수만은 없었다. 그러다 지형이가 대학교로 돌아가 비즈니스 공부를 한창 할 무렵 컵밥의 매출이 하루가 다르게 뛰기 시작했다. 트럭도 늘어나고 축구장에도 입점했다. 어느 날 지형이에게 연락이 왔다.

"나 돌아가고 싶어. 그래도 될까?"

직원도 거의 없이 종근이 형과 둘이서 18시간씩 일하느라 집에 갈 시간도 없었던 때다. 애 넷을 데리고 하루 종일 집안일과 회사일을 하며 돕던 아내도 지쳐가고 있었다. 돌아온 후로 지형이는 한국에 사는 아내와 딸, 반대하는 가족들에게 증명이라도 하려는 듯 죽도록 일만 했다. 돈 한 푼 아끼려고 작은 방 하나를 빌려 지내며 밤낮없이 일만 했다.

어느 날 몸살이 걸려 앓아누웠다는 말을 듣고 처음으로 지형이의 방에 가 본 나는 한동안 말을 잃었다. 작은 방에 가구도 하나 없이 몸 하나 겨우 누일 수 있는 매트리스 위에 지형이 혼자 덩그러니 누위 있었다.

돌봐줄 사람 하나 없이 열이 펄펄 끓고 있는 지형이를 보자마자 터져 나오는 눈물을 참을 수가 없었다. 지형이를 붙잡고 꺼이꺼이 울었다.

"네가 하고 싶은 걸로 꼭 성공해. 혼자서, 스스로 꼭 일어나!"

아무리 이를 악물고 일을 해도 버팀목이 되어주는 사람 하나 없이 혼자서 달려가는 건 쉽지 않다. 곁에서 끝없는 지지와 응원을 보내주는 사람과 그렇지 않은 사람이 가지는 마음의 여유는 비교할 수가 없다.

종근이 형도 마찬가지다. 한국에 돌아갈 수가 없어서 어머니의 임종을 지키지 못했던 종근이 형을 생각하면 지금도 눈물이 난다. 함께 사업을 하기 전 한창 바쁘게 일을 하던 종근이 형은 어머니가 돌아가셨다는 소식을 듣고도 비자 문제 때문에 미국에 발이 묶여 있었다. 영주권을 진행 중이던 때라 당장 한국에 가면 다시 돌아오기란 불가능에 가까웠기 때문에 여태껏 타국에서 쌓아온 모든 걸 내려놓고 도무지 한국으로 갈 수가 없었다. 자신의 처지를 한탄하며 목 놓아 우는 형과 함께 울며 오만 가지 생각이 들었다.

'무엇을 위해 우린 이국땅에 남아 억척스럽게 살아가는 걸까.'

어머니가 돌아가시고 사업을 시작한 지 얼마 안 된 어느 늦은 저녁 형 홀로 주방에서 요리를 할 때 어머니가 곁에 계시는 것 같은 느낌을 받았다고 했다. 오랜 기간 떨어져 지내 함께하지 못했던 당신

의 아들이 꿈을 향해 나아가고 있는 모습을 격려라도 하시는 듯했다
는 형의 말이 잊히지 않는다.

끝없는 지지를 받는 사람과
그렇지 못한 사람은 마음의 크기가 다르다

우리 아이들의 꿈은 나중에 컵밥에서 일하는 거다. 종근이 형 첫째
아들은 벌써부터 늘 "이렇게 하면 어때요? 저렇게 하면 더 맛있을
것 같아요?" 하며 끊임없이 아이디어를 내곤 한다.

어느 날 유아원에 다니던 나의 셋째 아이를 데리러 갔는데 차에
아이를 태워주던 선생님이 물었다.

"혹시 컵밥이랑 무슨 관련이 있어요?"

"네. 제가 주인 중 한 명이에요"

"아! 그랬군요. 그래서 아이가 그렇게 말한 거네요."

우리 집에선 학교 다니기 전까진 영어를 가르치지도 않고 한국말
잊어버릴까 봐 집에선 한국말만 쓰는 게 규칙이기 때문에 유아원에
다닌 지 얼마 되지 않았던 아이는 제대로 된 문장을 만들 만큼의 영
어실력이 아니었다. '화장실에 가고 싶어요'란 말만 겨우 가르쳐 유
아원에 보낸 지 2개월밖에 되지 않았던 때다.

"선생님께 뭐라고 했어?"

"'My dad is Cupbop. My mom is Cupbop(우리 아빠는 컵밥이에요. 우리 엄마는 컵밥이에요).'이라고 했어요."

영어 문장 하나 제대로 구사할 줄 모르던 4살짜리 꼬마아이도 아빠가 하는 일이 뿌듯했나 보다. 사업을 하면서 크리스마스가 되면 부랑자들이 머무는 숙소에 가서 아이들과 함께 음식을 나눠 주기도 하고, 1년에 한 번은 아이들이 다니는 학교에 가서 선생님들과 스태프들에게 컵밥을 대접했다. 학교에 갈 때면 꼭 아이들에게 직접 음식을 푸고 음료를 나눠주도록 했는데 그때마다 참 자랑스러워했다. 짧은 영어로 자신이 표현할 수 있는 최고의 문장으로 자랑한 셈이다. 난 그날 어깨가 으쓱해졌다.

세상의 많은 사람들이 성공을 향해 달려간다. 성공이란 목표에 가족은 잠시 미뤄지고 묻히기 일쑤다. 우리도 때때로 일에 치이다 보면 아이들과의 약속이 미뤄질 때도 많지만 아무리 바빠도 틈틈이 '가정의 밤'과 같은 가족활동을 통해 함께 시간을 보내기 위해 노력한다. 특별하다 할 만한 것은 없지만 부모와 자녀가 웃으면서 평범한 게임을 하는 시간이 아이들이 하루 중 가장 좋아하는 시간이다. 함께 이야기도 나누고 게임도 하는 그 시간이 세상 그 어떤 순간보다도 아름답다.

아이 다섯을 낳고 키우면서도 두 손 걷고 나서 일하는 내 아내, 입덧을 하면서도 어찌나 많은 홍보와 광고 디자인을 했던지 나중엔 컴퓨터 화면만 봐도 입덧을 하던 지형이 아내, 종근이 형을 대신해 일터로 뛰쳐나오고 혼자서 세 가족의 아이를 돌보던 종근이 형 아내.
가족의 꿈과 목표를 향해 달리는 우리 모두의 억척스러움은 돈이 없
던 그때나 사업을 넓혀가는 지금이나 변치 않고 그대로다. 각자의
집에서 보내는 충만한 지지 속에 똘똘 뭉쳐 달려가는 우린 그래서
오늘도 최선을 다할 수 있다.

06

무엇을 하느냐보다
누구와 하느냐가 중요하다

부족함을 안고 갈 자신이 없으면
동업은 반드시 깨진다

"'무엇을 하느냐'보다 '누구와 하느냐'가 더 중요하다."

『부자의 그릇』이란 책에 나오는 말이다. 이 말보다 우리가 최고의 우선순위로 생각하는 것을 대변할 만한 말이 없다.

세 명이 함께 사업을 하겠다고 했을 때 사람들은 말했다.

"동업자가 두 명만 되도 힘든데, 세 명이나?"

틀린 말은 아니다. 부부끼리도 싸우는데 우리는 무려 셋이니 짝도 안 맞다. 단 둘이서도 성향이 다르면 의견일치가 힘든데 세 명의 의견이 제각각이라 두 배 세 배로 힘들 때도 더러 있다. 서로가 있어 행복하고 의지가 될 때도 많지만 서로 때문에 부대끼고 스트레스 받을 때도 당연히 많다. 하지만 부부도 그렇듯, 다른 사람끼리 만나 서로의 다름을 인정하고 평생 이해해 나가는 과정을 겪듯 우리 셋도 세 가지의 의견을 너도 나도 조금씩 양보하고 배려해 나가는 과정의 연속이다.

음식 준비를 맡아줄 사람을 찾을 때 사람들은 음식과 주방일은 사람을 고용하는 게 낫지 않겠느냐고 했다. 하지만 우린 동업자를 영입했다. 이제 막 시작하는 작은 사업에 최선을 다해도 잘될까 말까인데, 자기 일처럼 일할 직원은 찾기 힘들다며 직원 대신 주인을 찾았다. 그게 바로 종근이 형이었다. 형은 내가 '소스를 뿌리면 어때요?'라고 한마디 툭 던졌을 뿐인데 끈질기게 붙잡아 지금 우리의 백만불짜리 소스를 개발했다.

트럭 한 대로 3명이 수익을 나눠도 넉넉할 수 있었던 이유

다들 트럭 한 대에서 나는 수익으로 셋이 나누면 어떻게 먹고사냐고 했지만 우린 그만큼 더 많이 벌면 된다는 믿음으로 사업을 지금까지 키워냈다. 일이 얼마나 많고 적냐, 얼마나 어렵고 쉽냐에 따라 성패가 갈라지는 게 아니라, 그것을 해내는 사람의 성향과 의지가 훨씬 중요하다고 믿는다. 처음부터 많이 부족했던 우리는 부족하면 부족한 만큼, 잘하면 잘하는 만큼 서로 채찍질하고 티격태격 맞춰가며 콩 한 쪽 같던 트럭 한 대에서 지금까지 왔다.

세상의 모든 일은 그 일이 무엇이냐보다 누구와 일하느냐에 따라 결과가 참 많이 달라진다. 누구와 함께 하느냐에 따라 그 일이 행복해질 수도 있고 불행해질 수도 있다.

모든 사람은 언제나 완벽하고 활기찰 수는 없기 때문에 때때로 찾아오는 기복과 슬럼프도 곁에서 지켜보며 함께 극복해 나갈 각오를 해야 한다. 누군가는 다혈질이고, 누군가는 꽁해 있고, 누군가는 감정기복이 심하고, 또 누군가는 문제가 터질 때마다 동굴에 들어간 듯 연락조차 안 된다면 그 모습 그대로 인정하고 서로의 장점을 기억해 함께 좋은 결과를 만들어가는 연습을 해야 한다. 만약 자신이 할 수 있는 것을 앞세워 상대와 비교하다 보면 꼭 불화가 생기기 마련이다.

실력을 저울로 따지자면 세 명이 꼭 같을 수는 없다. 일하는 게 공평하게만 느껴지지 않는 건 어쩌면 당연하다. 내겐 상대의 실력과 능력이 파트너십을 유지해야 하는 척도가 되진 않는다. 파트너십의 끝이 있다면 실력과 능력을 제외한 결정일 것이다.

파트너십을 만드는 데 있어 반드시 명심하는 게 있다. 우리를 멘토링 해주시는 유타밸리대학의 송재근 교수님께서 해주신 말씀이다. 난 그 분의 이 말을 평생 잊지 못할 것이다.

"누군가와 함께 일하다 보면 한 사람의 능력이 더 뛰어나서 일을 더 많이 하는 것처럼 보일 때가 있어. 실력이 꼭 같을 수는 없으니까 말이야. 그런데 파트너의 부족한 능력 때문에 내가 억울하다고 생각해버리면 그 파트너십은 결코 유지될 수 없어. 누가 일을 좀 더 하고 덜 하고를 따지지 않고 안고 갈 수 있어야만 진정한 동업을 할 수 있는 거다."

세 명의 파트너십을
유지하는 비결이 뭐예요?

컵밥을 하면서 많이 받는 질문 중 하나가 "세 명의 파트너십을 유지하는 비결이 뭔가요?"다.

우리 세 명은 교집합이 별로 없는 세 개의 다른 원과도 같다. 나이만 해도 종근 형과 나는 다섯 살 차이가 나고, 나와 지형이는 다섯 살 차이가 난다. 맨 위와 아래는 열 살이나 차이가 나니 세대도 맞지 않는다. 성향도 각자가 달라도 너무 다르다. 지나치게 단순한 사람, 예민한 사람, 융통성 없는 사람. 이 셋이 함께 일하면서 갈등이 없었겠는가? 일상이 좌충우돌, 티격태격이다.

종근 형의 별명은 애니메이션 영화 「니모」에 나오는 '도리'다. 단

지금까지 두렵지 않았던 적이 없어요.

앞으로 뭘 해도 두려울 수밖에 없겠죠.

두렵다는 건 성장하고 있다는 증거예요.

순하고 잘 잊어버린다고 해서 얻은 별명이다. 종근 형의 단순함은 형이 하는 말과 행동 스타일에 너무나도 잘 드러난다.

"형 왜 이랬어요?"

"응, 알아."

"형 이거 해야죠?"

"응, 걱정 마."

"형 이거 이렇게 하면 안 돼요."

"응, 바꿀게."

어느 날은 내가 답답해서 말했다.

"아, 형! 안다면서 왜 자꾸 이렇게 해요?"

"응, 미안해."

형이 맡은 일이 가게와 트럭 시설 및 주방관리 쪽이라 삼시 세끼 밥처럼 하루하루 반복되기 때문에 해도 티가 많이 안 나는데 안 하면 또 티가 많이 나는 역할이다. 자기 방어를 하면서 싸우면 밉기라도 할 텐데 형은 좋은 의견엔 항상 마음을 열고 들어주고 마지막엔 꼭 '내가 더 잘할게. 내가 놓치는 게 있으면 꼭 말해줘'라고 말한다. 고집 부리다 다툴 수도 있을 법한 것들도 겸손하게 얘기하니 화를 낼 수가 없다. 형을 보면서 사람은 누구나 실수하고 일이 제대로 되지 않을 때가 있어도 일을 대하는 성실함, 상대방의 충고를 받아들이는 겸손함이 있으면 얼마든지 훌륭한 결과를 만들 수 있다는 걸 배웠다. 사람과 오래 가게 하는 건 능력보단 성품이다.

지형이 별명은 '로보트'다. 규칙을 벗어나는 것을 절대 용납하지 않기 때문에 융통성이 부족하다는 의미로 우리가 지어줬다. 안 되는 건 칼 같이 안 된다. 중간이 없다. 자신이 옳다고 생각한 길로만 걸으려는 성향이 있어서 옆에서 일하다 보면 부딪힐 때도 많다. 종근이 형과는 성향이 정반대라 상대방이 다른 의견을 내도 스스로 납득이 되지 않으면 쉬이 넘어가는 성격이 아니다. 고집스러운 성격이 답답할 때도 있지만, 또 한편으론 자기가 못하는 부분은 배워 고치려고 하는 자세를 가지고 있어서 나보다 어린 동생인데도 배울 점이 많다.

난 정리를 잘 못한다. 스케줄을 핸드폰에 저장하는 걸 시작한지도 몇 년 안 됐을 정도다. 회사에서 미팅할 때나 외부 회의를 할 때도 신나게 아이디어를 던져가며 말은 하는데, 메모는 거의 하지 않는다. 사실 내가 쓴 글을 나도 못 읽을 정도의 악필이기도 하고, 내가 하루에 생각하는 거나 말하는 것들을 모두 기록하려면 녹음기로 하는 게 낫다. 고집도 센 편이라 뭔가 하고 싶은 게 있으면 어떤 식으로든 반드시 해야 하거나 혹시라도 못 할 경우엔 마음 한 켠에 심어놓고 보관한 채 끊임없이 기회를 엿본다. 아마 내 브레이크 없는 추진력에 두 파트너들은 참 힘들지도 모르겠다. 그래도 지금껏 내가 의견을 내면 누구보다 곁에서 지지해준 건 역시 파트너들이었다.

이렇게 성향이 다른 세 사람이 만났으니 갈등이 없는 게 더 이상

한 것 아닐까? 예전에 한 텔레비전 프로그램에서 전직 아이돌 그룹으로 활동을 하다 오해로 인해 결국 해체한 가수 중 한 사람이 자신과 멤버들 사이 관계를 돌아보며 한 말이 생각난다. '단 한 번도 싸운 적이 없어서 마지막에 오해를 풀 생각조차 해보지 않았다'던 말이다. 절대 배려, 절대 평화란 없다. 불완전한 사람들끼리 만난 조합인데 크고 작은 문제는 당연히 있을 수밖에 없다. 부부끼리도 마음이 맞지 않아 감정이 상하고 싸우는데 파트너 관계는 어떻게 늘 좋을 수가 있을까? 좋고 나쁜 시간을 함께 보내고 부대끼며 서로가 서로에게 맞추고 올바른 방법으로 표현하는 방법을 키워나가는 건 참 중요한 관계의 과정이다.

"세계의 운명은 좋든 싫든 간에 자기의 생각을 남에게 전할 수 있는 사람들에 의해 결정된다."

존 F. 케네디 대통령의 어머니 로즈 케네디[Rose Kennedy] 여사가 자식들에게 가르친 말이다. 바꿔 말하면 남에게 좋은 말 뿐만 아니라 싫은 말도 의도대로 잘 전달할 수 있는 사람이야말로 사회생활 잘하고 사람 관리 잘해 성공한다는 말이다. 그래서 싫으면 싫다 좋으면 좋다고 옳은 방법으로 표현하는 솔직하고 적극적인 자세야말로 동업을 생각하는 사람들이 키워나가야 하는 가장 중요한 덕목이라고 생각한다.

우리는 완벽한 파트너십과
가장 거리가 멀다

우리는 문제가 있거나 잘 풀리지 않으면 일단 모여서 대화를 한다. 아니 자주 논쟁을 한다. 좋은 관계를 유지하기 위해선 논쟁은 되도록 피해야 한다고 생각지 않는다. 이곳 미국에서도 논쟁은 피하고 좋은 매너를 유지하는 게 대부분의 사람이 생각하는 이상적인 문화지만 그래도 한국에서보단 좀 더 자유스럽게 자신의 주장을 펼치는 문화인 건 확실해 보인다. 미국 고등학교에선 토론과 논쟁을 위한 클럽이 있는데, 클럽마다 경쟁해서 학교 대표, 주 대표가 되어 전국 대회에도 나간다. 논쟁이란 부정적인 것이 아니라, 더 나은 결론과 결과를 내기 위한 논리적 자기표현 방식이다. 논쟁을 잘못하면 감정이 상할 때도 있지만 결국 같은 목표를 위해 더 나은 방법을 찾을 수 있다. 그래서 우리는 서로에게 화가 나거나 불만이 있으면 감추지 않고 집합한다. 답이 나든 안 나든 상관 없이 의견의 불일치는 의견의 합치만큼이나 중요하다는 게 우리의 경험이다.

브리지워터라는 회사가 있다. 코네티컷주 한 마을에 본사를 둔 브리지워터는 정부, 은행, 기업, 대학교, 자선단체를 위해 자산을 운용하는 회사인데 이 회사의 색다른 생각과 의견을 장려하는 문화는 독특하기로 유명하다. 우려되는 점이나 비판할 점이 있으면 당사자에게 직접 말하라고 권장하는 이 회사는 말하자면 논쟁을 부추기는 문화를 가지고 있다. 의견이 달라야 더 좋은 것들이 나온다고 믿는 이 회사의 수장이자 『원칙』을 쓴 저자 레이 달리오Rey Dalio의 회사정책이다. 개방형 토론을 통해 서로가 가진 이견이 싸움이 될 것을 두려워해 무조건 동의해주는 합의 말고, 자신의 분명한 견해와 다른 이의 이견에 따른 논쟁을 통해 합의에 도달하기를 바라는 이 독특한 문화는 싸우면서 사이가 나빠지기보단 오히려 더욱 끈끈한 유대감을 가지게 했다고 한다. 그리고 그 유대감 속에 소속된 사람들은 더욱 자신감 넘치게 일을 한다고 한다.

로즈 여사의 말처럼 상대방에게 자신의 의견을 잘 전달하고, 달리오의 말처럼 상대방을 배려하는 마음으로 활발한 의견을 나누는 것이야말로 서로가 발전하는 방법이 아닐까? 자신의 의견에 반하는 것들을 배려라는 핑계 속에 계속해 이해해주려고만 하거나 상대를 만족시키려고만 하다 보면 되레 관계는 곪아 썩을 수도 있다.

그래서 우린 맘에 안 들면 참지 않고 논쟁한다. 논쟁인지 싸움인지 모를 때도 많을 정도로 투닥거리지만 '보다 나은 우리, 보다 나은 관계'라는 목적은 잊어버리지 않으려고 노력한다. 불만이 생기거나 갈등이 생겨도 어느 한 사람도 배제하지 않으려는 결심이 우리를 지금껏 함께 걸어오게 했다.

셋이 함께 조화롭게 일하기 위한 방법 중 하나가 각자 서로에게 어울리는 자리를 찾아 일하기다. 각자의 역량과 분야에 따라 해야 하는 적재적소 역할을 찾는 건 참 중요하다. 집안에서도 아빠의 역할, 엄마의 역할이 있는 것처럼 대기업에서도 직급이 있고 책임이 다른 것처럼, 아주 작은 구멍가게 하나를 운영 하더라도 한 명 이상이 일한다면 반드시 역할 분담을 잘해야 한다. 이것이 갈등을 최소화하는 첫 걸음이다.

우린 자신이 할 역할을 끊임없이 점검하고 찾는다. 스스로의 능력과 재능을 알아 자리를 지켜야지만 서로 같은 일을 반복하는 비효율성도 줄일 수 있고 서로 부딪힐 일도 최소화 할 수 있다. 물론 자기가 맡은 일은 잘 해낸다는 전제하에 말이다. 맡은 일에 구멍이 난다면 그건 서로에게 피해가 가는 일이므로 그땐 또 다른 합의점과 역할을 위해 다시 노력해야 한다.

우리는 서로 각자 다른 생각과 다른 기준을 가지고 살지만 함께 사업을 하면서 이견을 조율하고 다루는 법을 배워가는 중이다. 어느 하나 낙오자가 되지 않게 끌고 밀고 하며 함께 가다 보면 우리도 브리지워터처럼 더욱 끈끈한 유대감으로 서로를 지탱해 주리라 믿는다.

완벽한 파트너십이란 게 과연 있을까? 적어도 우리 셋이 완벽한 파트너십을 이룬 것은 결코 아니다. 우린 자꾸 부딪히고 갈등한다. 그리고 언젠가 좋은 이유 혹은 나쁜 이유로 파트너십이 끝나는 날이 올 수도 있다. 하지만 마지막이 온다 해도 각자의 사정에 맞춰 끝까지 최선을 다한다는 각오로 서로를 대하겠다고 결심한다.

07

모두와
공감하다

우리가 방송에 나간다고요?

사기꾼 아닌가요?

2014년 12월 어느 날 자신을 이승한 프로듀서라고 소개하는 이메일이 왔다. KBS에서 다큐멘터리를 제작중인데 「걸어서 세계속으로」에 잠깐 소개된 우리를 보고 젊은이들이 타지에서 한국 음식으로 열심히 살아가는 모습을 방송 다큐멘터리로 제작하고 싶다는 내용이었다. 처음엔 '왜 한국 방송에서 관심을 가질까' 하는 의문과 함께 '방송을 가장한 사기꾼 아니면 우리를 따라 하려는 카피어 아닐까'라는 의구심이 들었다. 이메일과 전화을 주고받던 우리는 이승한

피디의 신상을 추적하기도 했다. 그는 2주 동안이나 촬영을 해야 한다고 했다

'과연 우리 모두가 2주나 시간을 쏟아 촬영할 수 있을까' '혹시 방송에 나가서 우리 모습이 잘못 알려지진 않을까' 하는 걱정이 되었다. 최선을 다 할 수 없다면 아예 안 하는 게 나을 거란 생각이었다. 애써 촬영한다고 해도 한국에서 방영되기 때문에 미국에서 장사하는 현지 마케팅에는 전혀 영향을 끼치지 못할 거라고 판단했다. 모든 결론이 부정적으로 쏟아지고 있는 가운데 이승한 피디에게 물었다.

"해외에서 사업하는 더 유명한 다른 한국 사람들도 있는데 왜 하필 저희를 찍고 싶으세요?"

"크고 작은 건 중요하지 않죠. 유명한지 아닌지도 중요하지 않아요. 세 파트너 분 다 2세가 아닌 유학생 출신으로 한국 푸드트럭을 성공적으로 운영하는 거잖아요. 그래서 한국적인 걸 가장 잘 알리고 있다고 생각해요. 한국은 지금 청년실업 100만인 시대랍니다. 전 이번 다큐멘터리를 통해 한국 청년들이 자신의 꿈과 희망을 찾길 바라요."

이 말이 우리 마음을 돌려놓았다. 한국 젊은이들이 30대가 훌쩍 넘고 40대가 다 되어서야 겨우 일어나기 시작한 우리들을 보고 꿈과 희망을 찾는다니, 우리 같은 사람들이 누군가의 희망이 될 수 있다는 말에 우리에게 러브콜을 보내던 어떤 미국 방송보다도 더 출연

하고 싶은 욕심이 생겼다.

그리고 2014년 4월 3일. 3개월 반을 기다린 끝에 방송을 빌어 만났다. 촬영 팀으론 계속 연락을 주고받던 이승한 피디님과 카메라 홍성운 감독님 이렇게 두 분이 왔다. 처음 공항에 도착한 직후부터 방송에 대한 열정이 대단했다. 호텔 체크인도 미루고 바로 촬영에 들어가자는 거다. 우리의 열정과 너무 잘 맞았다. 첫 인상부터 호흡이 척척 맞았다. 50분 안에 컵밥의 열정과 꿈, 희망을 최대한 담으려면 보여주고 싶은 게 너무 많았다.

책임의 무게를 느낀 시간

5월 30일 저녁 7시에서 KBS1「유타 컵밥, 미국을 사로잡다!」가 방영 되었다. 평균 시청률이 높지 않았는데도 불구하고 인터넷, 블로그, SNS에 컵밥 이야기가 퍼지기 시작했고, 유튜브에 올라온 다큐멘터리 동영상은 20만 명이 넘는 사람들이 찾아 보았다. 재방송이 몇 번이나 나갔을 정도로 유학생 3명의 컵밥 이야기는 많은 사람들의 관심을 받았다. 한국을 비롯해 외국에서도 많은 한인 분들이 SNS 메시지, 이메일을 통해 우리가 자랑스럽다며 응원의 말을 보내왔고, 미국의 다른 주에선 우리와 같은 푸드트럭 혹은 가게를 창업하고 싶다는 사람들이 거의 매주 방문했다. 방송 후 웃지 못할 일들도 많았다.

방송 후 미국행 티켓을 건 이벤트에 당첨된 사람들과 만남을 가지기도 했는데, 그곳에 온 열정 넘치는 어린 친구들의 모습을 보며 되레 내가 에너지를 받았다. 미국 손님들과의 소통에만 초점이 맞춰져 있던 우리는 그렇게 우리의 동포인 한국인들과도 다리가 놓였다. KBS「다큐 공감」은 우리에게 수많은 소중한 인연들을 만들어 주었다. 그 이후로도 KBS「명견만리」와 「아침마당」, 「집밥, 미국에서 다시 태어나다」, SBS「음담패썰」 등을 통해 우리는 컵밥의 고향인 우리의 고국, 한국 사람들과 소통하기 시작했다.

사업을 시작한 이후로 우리 모두는 앞만 보고 정신없이 달려왔다. 하루하루 정신없는 스케줄을 쫓아가던 중에 「다큐 공감」 촬영을 통해 진정한 우리의 목표는 무엇이고, 우리가 가져야 하는 책임감은 어떤 건지 진솔하게 돌아보는 기회를 가질 수 있었다. 우리 스스로를 정의할 시간을 가진 셈이다. 그리고 촬영이 끝나고 방송이 나가기 전 이 피디님은 우리에게 이런 부탁을 했다.

"이 다큐멘터리를 보고 한국에 있는 많은 청년들은 여러분을 보면서 꿈을 꾸고 도전할 용기를 얻겠죠. 제 바람이 있다면 여기에서 일하는 여러분이 한국인으로써의 긍지를 잃지 말고 청년들의 멘토 같은 존재가 되어 주었으면 해요."

대한민국 평균 이하, 하위 1%라 불리던 우리인데 남들이 바라보고 쫓아 올 수 있는 존재가 되라니 예전엔 꿈꿔보지 못했던 큰 무게

감이었다. 그런데 이내 설레기 시작했다. 경쟁이 심해 삶이 팍팍한 한국사회에서 우리의 이야기가 아주 조금이나마 긍정적인 영향을 미치고 삶의 용기가 될 수 있다면 얼마나 좋을까.

우리가 어느 누구에게 어떤 영향을 미쳤는지는 모두 알지 못한다. 보다 나은 우리, 보다 나은 회사를 향해 우리는 계속해서 앞으로 나아가는 중이다. 더 넓은 시야로 훨씬 많은 사람들에게 음식이 아닌 공감을 나눠주는 기업이 되고 싶다.

리무진이 고장 났을 때
같이 버스를 타 줄 사람

KBS 「다큐 공감」을 통해 한국에 우리가 소개된 후 2015년 여름, 도시 한가운데에 워터 슬라이드를 설치하는 이벤트 슬라이드 더 시티 Slide the City를 위해 한국을 찾았다. 무더운 한국의 8월, 세계 기네스북에 등재된 330미터짜리 워터슬라이드를 신촌 한가운데 깔았다. KBS 출발 드림팀, 스프라이트 등과 함께 성황리에 이벤트를 마칠 무렵, 「다큐 공감」을 촬영했던 이승한 피디님으로부터 전화 한 통이 걸려왔다.

"꼭 소개해 주고 싶은 사람들이 있으니 잠깐 시간 좀 내줘요."

짬을 내 향한 그곳엔 도무지 식당이 없을 것 같은 길에 푸드트럭이 늘어서 있나 싶더니, 젊은이들의 공연, 그리고 좌판들까지 왁자지껄 열리고 있었다. 그날은 열정도의 야시장 '공장'이 열리는 날이었다. 씩씩하고 활기차게 일을 하는 청년들을 보니 내 가슴도 달아올랐다. 그곳에서 청년 장사꾼의 김윤규 대표와 김연석 대표를 만났다.

첫 인상부터 서로의 에너지가 느껴졌다. 오랫동안 알아온 듯한 반가움, 비슷한 에너지, 닮은꼴의 열정이 첫 만남부터 서로를 굉장히 익숙하게 만들었다. 이후로도 몇 차례의 만남을 이어오며 우리는 '바보 브라더스'라는 MOU를 맺고 서로가 서로를 도와 일할 수 있는 기회를 조금씩 만들어 갔다. 인도네시아 컵밥의 레시피 개발, 밥심 이벤트, 해외 직원 파견 등 지난 3년간 우리는 어려울 때 서로를 격려하며 지금 여기까지 왔다.

"여러분과 리무진을 타고 싶어 하는 사람은 많겠지만, 정작 여러분이 원하는 사람은 리무진이 고장 났을 때 같이 버스를 타 줄 사람입니다.Lot of people want to ride with you in the limo, but what you wat is someone who will take the bus with you when the limo breaks down."

서로에게 아첨을 하지도, 따듯한 말만 하지도 않는다. 필요할 때 가장 솔직하게 조언을 해주는 비지니스 친구가 있다는 건 너무나 큰 지지이자 힘이다. 한국에 새로운 메뉴 탐방을 나갔을 때 함께 4시간 동안 28끼를 먹는 열정만큼 뜨거운 우리는 이 친구들과 앞으로 뭔가 큰일을 해낼 수 있는 날을 고대하고 있다.

08

세상에 완벽한 시작은 없다

다 늘어난 티셔츠
유일한 취미는 텔레비전 보기

먹고살기 위해 하루하루를 보내던 때가 있었다. 특별한 꿈이 없었다고 해서 성실하게 살지 않은 건 아니었지만, 내가 잘 살고 있는 건지 궁금하지 않은 때가 없었다.

그러던 어느 날 누군가 우리 집 현관문을 두드렸다. 열세 살 남짓 되어 보이는 앳된 남자 아이 하나가 엉성하게 인쇄한 종이 한 장을 주며 수줍게 자기소개를 했다. 그 아이가 건넨 종이에는 '제 이름은 ○○○입니다. 이제 막 잔디깎이 아르바이트를 시작했는데, 저를 한번 고용해 보시겠어요? 만약 신뢰가 가지 않으신다면 일단 무료로 한번 잔디를 깎아 드리겠습니다. 그리고 만족하시면 절 고용하세요.'라고 써 있었다. 참 대견해 보였다. 어린 나이에 용돈을 벌기 위해 방법을 고안한 아이도 대단했고, 그런 아이를 격려해주며 도왔을 그 아이의 부모도 훌륭하게 느껴졌다. 문 밖으로 얼핏 보니 길 건너에서 그 아이의 부모가 흐뭇하게 아이를 바라보며 기다리고 있었다.

그 모습을 보는데 그 아이보다도 내 자신이 더 작게 느껴졌다. 어른이 되고 가장이 된 이후 열정은 사라지고 일상에 익숙해져 축 늘어진 티셔츠를 입곤 방안에 틀어박혀 텔레비전을 보는 게 유일한 낙이 되어버린 내가 한심하게 보였다.

'이 작은 아이도 자신의 미래를 위해 현재 위치에서 스스로 할 수 있는 일을 찾아내는데 난 뭘 하고 있지? 좀 더 훌륭하게 잘 살아 보겠다고 이 머나먼 미국까지 유학 와서는, 앞으로 적어도 30년 이상은 해야 할 텐데 기껏 먹고살자고 적성에도 안 맞는 일을 지금처럼 그냥 생각 없이 해도 되는 걸까?'

성공은 혜성처럼 나타나지 않는다

언젠가 아는 동생이 이런 말을 한 적이 있다. 영어도 잘하고, 어리고, 성격도 좋아서 뭐든 할 능력이 충분히 넘치는 친구였는데 자신은 하고 싶은 게 없단다. 뭘 하든 먹고살기만 하면 된다며 그 친구는 심드 렁하게 말했다.

"형, 저는요, 아직까지 제 가슴을 뛰게 하는 꿈을 만나질 못했어 요."

그리곤 이 세상에서 부자 부모를 만나 인생 편하게 사는 애들이 참 부럽단다. 이 말을 듣는데 그만 답답하고 울화가 치밀었다.

"야! 너 있지, 잘 들어! 꿈은 인생을 그냥 흘려보내다 갑자기 떡 하니 앞에 나타나는 혜성 같은 게 아니야. 너가 오늘을 성실하게 살 아낼 때 어느 순간 너도 모르게 보이기 시작하는 거야. 오늘 하루를 성실하게 살아내지 못한다면 네가 죽을 때까지도 그 꿈은 생기지 않 을지도 몰라!"

은수저, 금수저, 로또 같은 말을 난 좋아하지 않는다. 내 인생멘토 인 유타밸리대학교 송재근 교수님이 이런 말씀을 하셨다.

"이 세상에서 가장 조심해야 하는 게 뭔 줄 아니? 그건 바로 '비 교'야. 내가 남들보다 낫다고 생각하면 사람이 참 자만해지고, 내가 남들보다 못하다고 생각하면 또 그것처럼 비참해지는 게 없거든."

성공은 어느 한순간 섬광처럼 터지는 게 아니라 서서히 스며드는 단비와 같다. 어느 순간 깨닫기도 전에 흠뻑 젖어 있는 자신을 발견 하게 된다.

우리는 아직도 두렵다. 사업이란 지금 내가 얻은 것들을 언제든 잃을 수 있다는 각오를 하고 대해야 하는 직업이다. 과연 언제까지

사업을 할수록 계획대로 되는 건 거의 없다는 걸 느껴요.

인생도 그렇죠.

뜻대로 되는 게 별로 없는 게 인생이니까요.

자꾸 뒤돌아보고 의심하지 않아요.

최고의 푸드트럭 자리를 지킬 수 있을까? 언제까지 탁월한 컨셉이라는 수식어를 컵밥 앞에 달 수 있을까? 우릴 따라 만든 한국 음식점들이 생겨나고, 심지어는 우리 것을 그대로 베껴 장사하는 사람들도 셀 수 없을 정도로 많아졌다. 우리는 여전히 앞일에 대한 고민이 많다. 아니 사업을 하면 할수록 처음보다 더 근심하고 두려워하는 일들이 많아졌다.

'어떻게 하면 더 안정적이 될까? 어떻게 위험을 피해 갈까? 뭘 해야 좀 더 성장할 수 있을까? 어떻게 남들과는 다르게 할까?'

지금도 여전히 매순간이 고민이요 결정의 연속이다. 점점 답 없는 문제를 푸는 기분이다. 사업이 성장하여 함께 커지는 문제들도 마찬가지다. 직원들을 뽑고, 교육하고, 또 다시 보다 효과적인 관리 방법을 발견하면 또 수정한다. 법의 테두리 안에 우리 스스로를 보다 안전하게 지키는 법 등 여전히 우리가 넘어야 할 산의 끝은 점점 더 멀어지고 있다.

하지만 우리는 그렇기 때문에 어제보다 오늘, 오늘보다 내일 우리가 원하는 것들을 더 성실하게 실행하는 연습을 한다. 우리에겐 신념이 있다. '포기하면 거기가 끝이다. 포기하지 않으면 여전히 가능성은 남아 있다.'

갈 길도 먼데
자꾸 뒤돌아보지 마

하루하루 성실한 삶을 살고 있는 여러분이라면 무엇을 하건 당당히 자신감을 가질 자격이 있다. 그리고 무슨 일을 하건 반드시 따라오는 두려움을 반기려고 노력하라. 인텔을 세계 최고의 회사로 만든 앤디 그로브Andy Grove는 경제 월간지 《포브스》와의 인터뷰에서 말했다.

"편안하게 안주하는 생활에서 벗어나게 해주는 것은 두려움이다. 그것은 불가능해 보이는 어렵고 힘든 일은 가능하게 만들어 준다."

익숙하지 않은 무언가에 도전하는 것은 당연히 두려울 수밖에 없다. 성공에 대한 기대가 있다면 실패에 대한 두려움도 있어야 공평한 거 아닌가? 세상의 이치가 인생은 항상 오르막길일 수 없는데, 왜 우리는 항상 실패하지 않을 일들만 해야 하는 걸까?

영국의 스티브 잡스로 불린다는 다이슨 회사의 제임스 다이슨James Dyson은 앞서 이야기했던 혼다의 이치로 회장과 마찬가지로 실수를 하면 오히려 일을 더 빨리 배운다고 믿는다. 실수와 실패를 통해 두려움을 자꾸 극복하는 연습이야말로 다시 일어서는 도전의 가장 중요한 기본이기 때문이다. 두려움은 정말 무섭고 실패는 아프다. 둘 다 안 했으면 좋겠지만 안 하면 성장도 성공도 없다는 치명적인 단점이 있다.

인생이란
원래 뜻대로 되지 않는다

내가 이래도 고민 저래도 고민이라는, 뭘 해도 걱정하는 사람들에게 조언할 기회가 있을 때마다 즐겨하는 이야기가 하나 있다. 우산장수와 짚신장수 이야기다. 우산 장사를 하는 아들과 짚신 장사를 하는 아들 둘을 둔 어머니가 있었다. 이 어머니는 하루하루가 매일같이 걱정이었다. 비가 오면 짚신을 파는 아들이 걱정이고, 해가 쨍쨍하면 우산을 파는 아들 걱정을 했다. 그러던 어느 날 그 걱정을 들은 사람이 말했다.

'왜 매일을 걱정으로 가득 채워 사십니까? 비가 오는 날은 우산 파는 아들이 장사가 잘되니 좋고, 해가 쨍쨍한 날엔 짚신 파는 아들이 장사가 잘되니 좋구나 하며 춤을 추면 되지 않겠습니까?'

모든 일엔 장단점이 공존한다. 결정에 앞서 이래도 걱정, 저래도 걱정이라며 하는 것마다 후회하지 말고 이건 이래서 좋고 저건 저래서 좋다는 긍정적인 마음을 가져보는 건 어떨까? 현재 자신이 하고 있는 일에 머무르기로 결정했다면 그건 그거대로 좋은 일일 수 있고, 도전을 결심했다면 또 그것도 훌륭한 일이다.

뭘 해도 두려울 수밖에 없다. 그렇다면 그 두려움을 좀 더 긍정적으로 바라보겠단 다짐을 한다면 두려움을 피할 대상이 아닌 동기부여의 힘으로 바꿀 수 있다. 모든 것은 마음먹기에 따라 다르게 받아들여진다.

자꾸 자기가 선택한 것을 의심하지 말고 뒤돌아보지 말자. 그러면 내가 하는 일이 두려워질 뿐이다. 지금도 우린 모든 선택 앞에 앞으로의 발전에 지장이 없는지를 두고 끊임없이 재고 고려하고 걱정한다. 그리고 뭔가 방향을 결정했다면 다른 방향에 대한 미련은 접고 선택한 걸 믿고 열심히 달린다. 10가지 중에 8가지만 충족된 길이라 할지라도 달려가면서 나머지 2가지는 채우면 된다. 사업을 하면서 점점 확실해지는 것 한 가지는 뭐든 내 뜻대로 계획대로 되는 건 거의 없다는 거다.

자꾸 스스로를 의심하고 가지 않은 길에 미련을 두면 자신감만 상실한다. 다른 건 몰라도 자신감 하나는 지키고 가자.

뭔가는 해보고 싶은데 안 가느니만 못한 길이 될까 봐 시작조차 하지 못하겠다면 지금 있는 그 자리에서 조그만 변화를 만들어 보는 건 어떨까? 큰 변화만 시작이 아니니까 말이다. 작은 변화도 충분한 시작이고 과정이다. 우리가 작은 트럭 하나로 시작한 것처럼 말이다.

일단 뭔가 하다 보면 그 과정에서 스스로를 강철로 만들어 갈 수 있다. 차가운 곳과 뜨거운 곳을 번갈아 다니다 보면 더 강인한 내가 만들어진다.

"할 수 없다"란 말은 "하기 싫다"는 말의 동의어다. "할 수 없다"는 한계선을 긋는 순간 스스로 포기해버리는 것이다. 우리는 시작과 두려움, 실패와 성공의 원을 반복해서 떼굴떼굴 굴러다니고 있다. 언젠가 어디 한군데에서 멈춰 선다면 더 이상 앞으로 나갈 일도 없다는 걸 우린 잘 안다. 우린 우리 인생의 최전선에 서서 자신의 길을 스스로 만들 수 있는 사람이 되기로 다짐했다.

만약 당신이 외국에서 사업을 꿈꾼다면

푸드트럭 창업을 위한 준비

정보가 사업의 성패를 좌우한다

하나부터 배워서 하다 보면 매순간이 선택의 순간이요, 헤맴의 연속이다. 실패에 부딪힐 일들이 잦다. 사업 초기에 수많은 실수를 겪으면서 실패에 용감해지는 법을 배웠다. 이젠 제법 실패를 미리 피해갈 수 있는 요령을 많이 터득했다. 모든 사업이 그렇듯 처음엔 실패에 용감하게, 그리고 경험이 쌓이고 연륜이 쌓이면서 되도록 실패를 줄여가는 요령을 배워가며 성장한다.

특히 정보 없이 시작하는 사업은 몇 배 더 힘들 수밖에 없다. 바닥부터 배워 일궈야 하니 넘어야 할 산이 눈앞에 펼쳐져 있는 기분이다.

푸드트럭은 다른 요식업보다 상대적으로 정보는 많지 않기 때문에 필수적인 정보를 꼭 알아두고 시작하면 실패를 줄일 수 있다. 실패를 두려워하지 않되 되도록 피할 수 있는 악재는 피해 가는 게 좋다는 거다. 몰랐다고 해서 법이나 규정이 예외를 허락하거나 실수에 관대하지 않다는 걸 명심하자.

정보는 시간낭비와 돈 낭비를 막을 수 있는 값진 재산이다. 우리가 처음 장사를 시작할 때는 다른 푸드트럭들이 정보를 빼내 장사에 영향을 미칠까 봐 정보 공유를 좀처럼 해주지 않아서 무척 고생했다. 푸드트럭은 장사하는 장소와 관계되는 모든 사람들이 수익과 직결되어 있으니 어쩌면 당연한 자세일지도 모른다.

그렇다고 하더라도 음식을 만드는 상업용 주방Commissary 정보만 나눠 줬어도 3개월이나 고생하며 시간을 허비하진 않았을 것이다 (상업용 주방을 둘러싼 눈물겨운 분투기는 아래에 소개된다).

그래서 처음 푸드트럭 사업을 준비하는 사람들을 보면 우린 자릿세 내지 않아도 되는 장소들이나 허가에 관한 팁들을 기꺼이 나눠주곤 한다. 도움은 절실한데 주변에 조언을 얻을 동료나 친구가 없어 고생했던 시절이 생각나서 도무지 모른 척할 수가 없다.

우리가 초창기 푸드트럭을 시작하며 겪은 실수들을 통해 미리 학습하고 똑똑한 창업 준비를 할 수 있길 바란다.

저렴하다는 이유만으로 시작하지 마라

창업비용이 저렴해 리스크가 낮다는 이유만으로 푸드트럭 창업을 꿈꾸는 사람들에게 좀 더 주의 깊게 생각해보라고 말하고 싶다. 푸드트럭은 창업 과정과 유지비용이 레스토랑보다 저렴하고 간편하다는 매력적인 장점만큼이나 강도 높은 육체적인 고생이 만만찮다.

게다가 돌아다니며 음식을 파는 장사다 보니 날씨나 계절에 따라 변수가 많을 수밖에 없다. 우리 트럭은 내부에 에어컨도 없어서 여름에는 60도가 넘는 작은 공간에서 사람들과 부닥치면서 음식을 판다. 더울 땐 더위에 추울 땐 추위에 그대로 노출된다.

어떤 계절에 창업을 할 건지도 반드시 고려해야 한다. 창업을 준비하다 좋은 계절을 놓쳐버리면 매출에 크게 손해를 본다. 너무 추운 겨울에는 좋은 매출을 기대하기 어렵고 바쁜 봄과 여름에 열리는 축제나 이벤트들을 놓치는 경우가 생길 수 있다. 축제나 이벤트들 중에는 몇 개월도 전에 미리 신청을 해둬야 하는 것들이 있기 때문에 미리 체크하고 신청해야 한다.

리스트를 반드시 만들어라

무엇을 알아보고 준비해야 하는지 기초적인 것만 알았더라도 사업을 시작하는데 그 고생은 안 했을 것이다. 만약 푸드트럭 창업에 관심이 있다면 시작 전에 꼭 알아봐야 하는 리스트부터 만들길 바란다.

푸드트럭은 다른 요식업들과는 달리 아직까진 관련 정보를 찾을 만한 곳이 많이 없는 업종이기도 하기 때문에, 일궈내야 하는 것 또한 그만큼 많다. 미국뿐만 아니라 한국도 마찬가지일 거라 생각한다. 정보와 규정 등 미리 알아보고 계획하지 않으면 기껏 다 끝났다고 생각한 것들을 다시 고치거나 수정해야 하는 등 크고작은 실수가 생길 수 있다.

일반 식당들은 이미 많은 사람들이 하고 있어 정보도 많지만 변수가 많은 푸드트럭의 경우엔 사전 계획이 참 중요하다. 우리는 처음 그 고생을 하고 나서부터는 언제, 무얼, 어떻게 진행해야 하는지 순서를 짜놓고 최대한 단기간에 끝낸다. 구입에서부터 디자인, 랩핑, 서류, 허가 등을 일사천리로 훑어져 최대한 단기간 내에 끝낸다.

사업의 몸통, 트럭 고르기

"얼마 정도면 트럭을 살 수 있나요?"

푸드트럭을 창업하고 싶어 하는 사람들이 가장 많이 묻는 질문이 바로 트럭 가격이다. 한국에서는 요즘 원하는 컨셉과 디자인대로 푸드트럭을 만들어 주문제작까지 해주는 업체들이 생겨난다는데, 그런 곳을 이용하면 당연히 가격이 비싸질 수밖에 없다.

미국도 마찬가지다. 우리가 사용하고 있는 중고 트럭들도 기본 2만 달러(한화 약 2,200만 원)부터 6만 달러(한화 약 6,700만 원)까지 다양하다. 트럭 가격은 트럭의 연식, 안에 구비된 장비의 종류에 따라 천차만별이다. 새 트럭에 장비까지 원하는 대로 넣으려면 10만 달러(한화 약 1억 원 이상)까지도 한다. 중고와 새 트럭 모두 나름의 장단점이 있다.

중고는 대체로 연식이 아주, 매우, 굉장히 오래 됐다. 70년대 후반에 생산된 트럭이나 엔진을 바꾼 트럭들도 심심찮게 찾을 수 있다. 이런 트럭들은 새 트럭보다 굉장히 저렴하다는 점과 많은 장비가 이미 구비되어 있다는 장점이 있다. 하지만 단점이라면, 모든 오래된 연식의 중고차가 그렇듯, 어떤 식으로 고장이 날지 알 방법이 별로 없다는 점이다. 정비소에서 검사를 해도 검사하는 그때만 잘 돌아가면 합격점을 주기 때문이다.

새 트럭은 지금 당장 지불할 돈만 있다면 평균 2~3년 안에 본전을 찾을 수 있다. 고장 걱정도 거의 없지만 가격이 굉장히 부담스러울 수 있다. 트럭의 사이즈는 대체로 한국에서 주로 쓰는 푸드트럭들보다 큰 편인데(디저트 트럭들을 제외하면) 우리가 사용하고 있는 트럭들은 보통 넓이 2.4m 이상, 길이 6m 이상이다.

우린 푸드트럭과 트레일러를 반반 비율로 가지고 있다. 이 부분역시 각각 다른 장단점이 있다.

트럭은 연식이 오래되면 그만큼 고장도 많고 고쳐야 하기 때문에 시간이 지남에 따라 점점 더 손이 간다. 트럭도 나이를 먹기 때문이다. 우리가 가지고 있는 트럭 중 한 대는 연식이 1979년으로 사람으로 따지면 노인이나 다름없다. 그래서 우리는 스케줄이 바빠지는 여름만 되면 너무 더운 날씨와 무리한 스케줄을 소화하는 트럭이 서 버릴까 봐 매일 아침 상전 모시듯 트럭을 점검한다.

사업 시작하고 두 번째 해 여름에는 사용하던 트럭 네 대 중에 두 대가 서 버려서 일주일 동안 총 24개의 스케줄이 취소된 적도 있다. 스케줄을 지키지 못하면 돈뿐만 아니라 이미 잡힌 약속들에 대한 신용 또한 책임져야 하기 때문에 너무 오래된 트럭은 절대 구입하면 안 된다.

우리가 그간 트럭을 사면서 배운 건 '싼 게 비지떡'이라는 거다. 그렇다고 해서 고액을 들인 푸드트럭이 무조건 좋다는 말은 또 아니다. 푸드트럭을 하는 가장 큰 이유는 스토어를 오픈할 만큼 돈이 없어서 소자본으로 창업할 수 있다는 장점 때문이다. 그런데 푸드트럭을 하면서 고액의 돈이 든다면 푸드트럭에 대한 가장 큰 장점인 소자본에 관한 매력이 떨어질 수밖에 없다.

트럭 창업에는 소자본이 드는 만큼 일반 레스토랑보다 세일즈도 낮을 수밖에 없기 때문에 충분히 자신의 형편에 맞게, 또 벌어들일 수입을 잘 예상해서 구입해야 한다.

우리는 최근엔 연식이 그다지 오래되지 않은 적정한 금액의 중고

트럭을 구입해서 장비를 채워 넣는 것으로 방향을 바꿨다. 장비를 구입하는 금액이 계속해 부품을 가는 것보단 훨씬 싸기 때문이다. 결과적으로 장비가 화려해 보이는 중고가 아닌 트럭의 연식과 상태에 초점을 맞추는 것이 좋다.

트레일러를 살까, 트럭을 살까

컵밥의 첫 푸드모바일은 트럭이 아닌 트레일러를 선택했다. 엔진이 장착된 자동차와 같은 푸드트럭은 이미 가격에서부터 훨씬 비싸다. 한 사람당 1만 5,000달러씩 모아 총 투자금액이 4만 5,000달러가 전부였던 우리는 모든 금액을 투자해도 살 수 없는 트럭 대신 차선책으로 트레일러를 구입할 수밖에 없었다.

트레일러를 구입하면 불편한 단점이 몇 가지 있다. 박스 형식의 트레일러는 사이즈에 따라 다르긴 하지만 한식 바비큐 같이 그릴이 필요한 음식을 위해 우리에겐 큰 사이즈가 필요했고, 이렇게 큰 트레일러를 끌려면 그만큼 힘이 좋은 트럭과 트레일러를 연결할 커넥터Ball Hitch도 맞춰 구입해야 한다. 그리고 트레일러 자체가 6m나 되기 때문에 그것을 끄는 트럭까지 하면 전체 길이가 거의 9m가 넘어서 주차를 하거나 좁은 공간에 진입할 땐 어디 한 군데 긁히거나 찌그러지는 건 일상이다. 이벤트나 축제 때는 트럭까지 함께 주차할

공간이 없기 때문에 분리했다가 다시 연결해야 하는 불편함도 자주 겪는다.

하지만 트레일러의 가장 큰 단점이 직접 운전할 수 있는 엔진이 없다는 거라면 가장 큰 장점 또한 엔진이 없다는 거다. 엔진이 없기에 마일리지가 오래 되어도 나이들 염려가 없고 점검비용이 훨씬 저렴하다는 건 엄청난 플러스다. 또 연식에 따라 트럭만큼 가격이 떨어지거나 고장 나 서버릴지 전전긍긍할 필요가 없다. 잘만 하면 처음에 산 가격대로 혹은 그 이상 제값도 받고 팔 수 있다는 큰 장점이 있다.

정체성을 한눈에 보여주는 랩핑에 공을 들여라

푸드트럭의 랩핑 디자인은 식당의 인테리어와 같은 격이므로 차별성과 독특함에 대해 많이 고민해보아야 한다.

우리는 랩핑 잘하는 회사를 찾던 중 너무나 반갑게도 한국에서 선교사업을 할 때 친했던 매튜가 랩핑회사를 운영한다는 걸 알았다. 한국 문화를 알리는 동영상을 만들어 유튜브에 올릴 만큼 한국을 사랑하는 매튜는 돈 없이 사업을 시작하는 우리의 이야기를 듣곤 매튜는 원가에 가까운 금액으로 트레일러 랩핑을 해주었다. 대폭 할인을 해주고도 일언반구가 없어서 두 번째 트럭을 랩핑할 때 눈에 띄게

오른 가격을 보고서야 그 사실을 알았다.

"매튜, 왜 우리한테 그렇게 저렴한 가격으로 랩핑해 준 거야?"

뒤늦게야 이유를 물었더니 매튜는 한국인 3명이 한식 푸드트럭을 한다는데 석 달도 못가 망할 것 같았단다. 그래서 트럭을 들고 왔을 때 말은 안 했지만 참 많이 걱정되고 안타까운 마음에 원가로 랩핑을 해주며 적선한 셈 쳤다는 것이다. 그렇게 이어진 인연으로 첫 푸드트럭부터 매장들까지 모든 랩핑을 매튜네 회사를 통해서만 작업한다.

처음 랩핑 디자인을 논의할 땐 귀엽고 깔끔하게 하자는 의견도 있었지만 일단 한국 음식과 컵밥에 생소한 미국인들을 위해서 꼭 사진을 넣어야 한다고 결론을 내렸다. 우리의 첫 트레일러엔 대문짝만 한 컵밥 사진이 들어가 있다. 하지만 컵밥이 꽤 알려지기 시작하고 난 후에 마련한 트럭은 모두 음식 사진이 빠지고 우리의 상호명과 로고를 강조하는 데 초점을 맞췄다. 처음엔 무슨 음식인지 모르는 사람들을 위해 음식을 크게 넣었지만 나중엔 밝은 노랑색과 독특한 컵밥의 로고만 봐도 컵밥을 연상시킬 수 있게 말이다.

트럭 내부 시설은 규정을 철저하게 지켜라

트레일러를 구입할지 트럭을 구입할지 결정했다면 그 다음으로 반드시 알아야 하는 중요한 몇 가지 사항이 있다. 우리는 처음에 이 점들을 잘 몰라서 많이 헤맸다.

구상하는 음식의 컨셉과 종류에 따라 트럭에 필요한 장비 또한 달라진다. 당연히 보다 빠른 서비스와 효과적인 작업을 위해 필요한 장비를 가장 편한 동선에 맞춰 만들어야 한다. 자신이 요리하는 순서대로, 주문을 만들어 나오는 동선대로 말이다.

그리고 미국에서는 이에 앞서 먼저 확인해야 하는 것이 있다. 바로 위생국Health Department의 트럭 기준이다. 특히 꼭 설치해야 하는 물탱크의 사이즈나 손이나 음식을 씻을 싱크대의 규정은 굉장히 명확하게 정해져 있어서 타협이 없다.

그러므로 트럭 크기만 고려해서 내부 장비를 정하고 구비했다가는 낭패를 보는 수가 있다. 트럭에 꼭 들어가야 하는 해당 관청 기준의 장비 규격 및 규정들을 먼저 꼼꼼히 살펴보아야 한다.

상업용 주방 찾기

창업을 준비하는 동안 가장 힘들었던 부분이 음식을 준비할 상업용 주방 찾기였다. 우린 다른 준비는 다 끝마치고서도 이 장소를 찾지 못해서 거의 3개월을 발이 묶여 있었다. 부끄럽지만 처음 푸드트럭을 하겠다고 결정했을 땐 상업용 주방이 있어야 되는지도 몰랐다.

미국에선 음식에 관련해서는 어떠한 사항도 관대함이란 눈을 씻고 찾아 볼 수가 없었다. 절대적인 규정을 반드시 따라야 한다. 특히 유타는 푸드트럭 규정이 다른 주에 비해서도 아주 엄격한 편이다. 그중에서도 음식은 상업용 주방인 커미서리^{Commissary}(푸드트럭이나 카트 음식을 준비하는 곳)에서만 만들어야 하는데 이건 미국 어디서나 마찬가지다. 일단 상업용 주방을 위한 허가를 받으려면 수십 가지에 달하는 규정에 충족해야 한다.

주방에 외부로 통하는 볼펜 구멍만 한 틈이 있어도 안 되고, 냉장고의 온도부터 주방 바닥, 기계까지의 높이 및 물탱크 규격까지 규정에 하나라도 충족되지 않으면 타협이란 없다. 위생국 직원이 직접 나와 검사 후 허가를 해주는데, 푸드트럭이나 카트 음식이 흔치 않은 유타의 특성상 상업용 주방을 임대해주는 회사도 거의 없고, 같이 공유하는 트럭들이 많아지면 스케줄에 맞춰서 음식하기도 어려워지고 레시피 보호도 쉽지 않기 때문에 공유도 어렵다. 그렇다 보니 우리에게 새로운 주방을 찾아야 한다는 위생국의 경고는 청천벽력과도 같은 소식이었다. 주방만 빼곤 모든 준비가 끝나 있었다. 다시 시작점으로 되돌아 온 거나 다름없었다.

처음엔 주방을 찾기 위해 무작정 여기저기 돌아다녔다. 지인들, 그리고 지인들의 지인의 식당도 가리지 않고 찾아갔다. 전문적으로 음식을 준비할 수 있도록 임대해주는 주방이 없다면 현재 식당을 운영하고 있는 주방도 크기만 적합하다면 나눠 쓸 수 있다고 했기 때문이다. 부엌을 빌려달라고 하는 게 미안해서 부엌 청소부터 해주기도 했고 한 식당 사장의 집까지 방문해 카드마술까지 보여주며 친분을 쌓으려 한 적도 있다.

거절당한 곳도 있고, 빌려 주겠다고 한 곳도 있었는데 이 과정 동안 예상하지 않았던 문제점들이 발생했다. 사람들한테 부탁하는 게 어렵다고만 생각했지 허가를 받는 게 어려울 거라고는 상상도 못했다. 인맥으로 기꺼이 허가를 받아주겠노라 했던 식당들이 줄줄이 현장 허가에 실패한 것이다. 떡 본 김에 제사 지낸다고 했던가. 상업용 주방에 대한 허가 검사를 하러 나온 위생국 직원들이 상업 주방 허가에 대한 검사뿐 아니라 그 식당 전체에 대한 위생 검사 또한 했다. 깨끗한 상태에서 검사 받아도 한 두 개 이상은 꼭 짚어내는 직원들인데, 신청서를 내고 정확히 언제 나올지도 모르는 위생국 직원의 현장 검증은 늘 마음을 졸인다. 그래서 한번 검사를 나오면 한창 바쁜 장사 시간이고 뭐고 없다. 위생국 직원 뒤를 졸졸 따라다니며 검사 받느라, 덜 걸리게 노력하느라 정신이 없다. 오죽하면 위생국 직원들을 식당의 저승사자라고 하겠는가.

큰 포부로 일하고, 작은 인연도 하찮게 여기지 마라

푸드트럭 사업을 하기 전 했었던 식당 제휴 사업 고릴라 VIP 때 맺었던 400여 군데의 식당과의 인연은 이후 내가 식당 사업을 하는데 아주 큰 도움이 됐다. 사업을 꿈꾼다면 작은 인연도 하찮게 여기지 마라.

사람과의 관계가 준 행운은 아주 많지만 그 중에서도 지푸라기 하나가 아쉽던 창업 초창기 때 맺은 관계들이 기억에 많이 남는다. 그 중에서도 상업용 주방 계약 과정은 우리의 포부와 사람을 소중히 여기는 마음이 없었다면 결코 이뤄지지 않았을 것이다.

수많은 상업용 주방 자리를 물색하던 와중에 겨우 찾은 한 군데는 이전에 들어온 사람들이 죄다 망해 나간 자리였다. 하지만 이미 물품이 다 구비되어 있어서 놓치고 싶지 않은 자리였다. 건물 주인에게 푸드트럭 주방으로 쓸 거라고 했더니 건물 주인 그 자리에 들어온 식당들이 줄줄이 망해 나가니 렌트를 딱 1년만 하자고 했다. 하다가 힘들면 1년이 아니라도 이야기하라고 했다.

임대료는 3,500불, 한국 돈으로 400만 원 정도였다. 시세보다 비싼 건 아니었지만 부엌만 필요했던 우리에겐 참 부담스러운 가격이었다. 그런데 당시 우리 말고도 다른 두 팀이 그 자리를 보고 있었다. 두 팀 모두 중국 사람이었는데 주방 시설이 다 되어있던 곳이라 그 식당 자릴 간절히 원했다.

우린 그 두 후보 팀보다 간절함은 덜 하지 않았고 돈은 훨씬 없었다. 우리가 할 수 있는 건 열과 성의를 다해 우리의 꿈과 목표를 밝히는 것뿐이었다.

"우리는 트럭 한 대에 그치지 않고 1~2년 안에 여러 대로 확장할 것입니다. 많이 팔아서 꼭 가게를 낼 거예요. 우리는 이 꿈을 반드시 이룰 겁니다. 믿어주세요. 우리는 다른 사람들과 다릅니다. 이 자리를 다시는 망하지 않게 해드리겠습니다. 그런데 우리에게는 3,500달러나 낼 돈이 없습니다. 1,500달러(한화로 약 160만 원)에 해주실 수 없을까요?"

다른 두 팀은 3,500달러를 다 내고 들어온다는데 50%도 넘게 할인해 달라니 말도 안 됐다. 하지만 우리로써는 감당할 수 있는 금액를 제시할 수밖에 없었다. 잘 못하는 영어였지만 그곳에 우리가 왜 필요한지 어떤 식으로 장사와 마케팅을 해서 남들과 다르게 그곳을 망한 자리로 남게 하지 않을 건지를 설명했다.

건물주는 당황하는 것처럼 보였다. 왜 아니겠는가. 그런데 당장 거절하는 대신 한번 생각해보겠다고 했다. 다음번 전화가 오기 전까지 속이 타들어 갔다.

다음날 건물 주인의 전화가 왔다. 그는 우리를 다시 만나보고 싶다고 했다. 만나자마자 건물주의 대답을 듣기도 전에 난 또 제안을 했다.

"만약 1,500불에 해주신다고만 하면 매년 가족과 직원 전부를 모아서 크리스마스 파티를 열어드리겠습니다. 그리고 배고플 때마다 언제든지 우리에게 오세요. 당신을 위해 주방을 활짝 열어둘게요. 제발 우리를 선택해 주십시오."

"하하하, 당신 같은 사람들은 정말 처음입니다. 알겠어요. 그렇게 하죠. 당신들 돈도 없고 사업도 처음이라고 하니, 자리를 잡을 때까지 임대료를 내지 않고 공짜로 있어도 좋아요. 대신, 잘해보세요."

돈 없는 우리를 받아주는 것만도 감사한데 거기에 한 술 더 떠서 몇 개월 동안이나 임대를 공짜로 해 주겠다니, 우린 감격해서 눈물이 날 뻔했다. 그렇게 만난 건물 주인 브랜트 아저씨는 그때나 지금이나 한결같이 고마운 사람이다. 지금도 무슨 고장이라도 나면 직접 와서 확인해주고 웬만한 건 직접 고쳐 준다.

그 자리에서 1년 넘게 망하지 않고 살아남은 첫 식당주인이 된 다음, 왜 우리에게 그렇게까지 해줬냐고 물은 적이 있다.

"왜 그러셨어요? 다른 사람은 하나도 안 깎고 3,500달러 그대로 준다고 했는데, 우리는 고작 반도 안 되는 가격으로 들어가겠다고 했잖아요."

"당신들한테서 빛을 봤어요. '아, 이 사람들 뭔가 재밌는 일을 할 수 있겠구나. 그리고 망하지 않겠구나' 하는 생각이 들었어요. 망해서 나가는 가게 주인들을 보면 계약대로 돈을 계속 받으면서도 마음이 참 안 좋거든요. 돈보다 내 마음이 따르는 대로 했을 뿐이에요."

사업하면서 이런 선한 마음을 가진 사람을 만날 때마다 지금까지 거쳐 온 다른 많은 선한 사람들도 덩달아 떠오른다. 그리고 우리도 그들의 모범을 따르려고 한다. 때론 누군가에게 기적과도 같은 도움의 손길을 줄 수 있는 사람이 될 수 있을까 해서 말이다.

딱 팔 만큼만 음식을 준비해 매진시켜라

장사를 시작하면 음식을 파는 장소들마다의 특징이 다르기 때문에 예측장사를 잘해야 한다. 처음 시작할 때는 데이터가 없어 예측장사를 하기 힘들다면, 너무 많이 준비해서 음식을 버리는 것보단 살짝 부족해도 모두 파는 게 음식 낭비와 비용을 최소화할 수 있다. 재료가 다 떨어져서 사 먹지 못한 손님들은 아쉬워서 또 찾을 수 있기 때문에 좋을 수 있다. 잔치나 레스토랑은 음식이 부족하면 안 된다는데 푸드트럭은 음식이 부족할까 봐 손님들이 부지런히 시간 맞춰 오는 경우를 기대할 수 있기 때문이다.

우리는 처음엔 일부러 딱 팔 만큼의 양만 만들어가서 다 팔면 SNS에 '매진'이라는 공고를 띄웠고 매진되는 일이 잦다 보니, 자연스럽게 SNS에서도 금방 다 팔린다는 홍보가 되었다. '컵밥은 빨리 안 가면 먹기 힘든 푸드트럭'이라는 인기 만점 이미지를 빨리 굳힐 수 있었다.

몰래 장사는 금물, 상권 정보를 꿰고 있어라

시마다 푸드트럭에 대한 규정이 있다. 장사하고 싶은 상권 주변의 정보들 꼭 미리 알아봐야 한다. 그런 다음 어디에 주차해서 음식을 팔지를 알아봐야 한다. 아무데나 주차해서 팔 수는 없는 노릇이니 말이다.

자리가 좋아 보이는 곳 건물이나 주차장은 당연히 다른 사람의 소유일 테니 미리 허가를 받아두면 나중에 생길 갈등을 미리 방지할 수 있다. 예를 들어 우리가 한 달에 두어 번 나가던 곳은 나갈 때마다 50달러(한화로 약 5만 원) 정도를 자리세로 내는 것으로 하고 자리를 빌리기도 했고, 또 다른 곳은 음식과 맞바꾸는 데가 있기도 했으며, 또 어떤 곳은 매출에 따라 수익을 조금 나누기도 했다.

돈을 아낀다고 몰래 장사하는 트럭들도 종종 보는데, 그렇게 하면 그 장소의 주인 혹은 주변의 상권들에 해를 끼치거나 좋지 못한 이미지만 주고 결국은 쫓겨날 수 있다. 장사든 사람이든 관계든 짧게 말고 길게 보고 가는 게 좋다.

날라리 문제아가 길 위에서 일으킨 기적

미국에서 컵밥 파는 남자

초판 1쇄 발행 2018년 9월 13일
초판 2쇄 발행 2018년 10월 5일

지은이 송정훈, 컵밥 크루
펴낸이 김선식

경영총괄 김은영
기획편집 봉선미 **디자인** 김누 **크로스교** 양예주 **책임마케터** 최혜령, 김민수
콘텐츠개발5팀장 박현미 **콘텐츠개발5팀** 이호빈, 봉선미, 양예주, 김누
마케팅본부 이주화, 정명찬, 최혜령, 이고은, 김은지, 김민수, 유미정, 배시영, 기명리
전략기획팀 김상윤
저작권팀 최하나, 추숙영
경영관리팀 허대우, 권송이, 윤이경, 임해랑, 김재경, 한유현
외주스태프 본문디자인 이인희

펴낸곳 다산북스 **출판등록** 2005년 12월 23일 제313-2005-00277호
주소 경기도 파주시 회동길 357, 3층
전화 02-704-1724
팩스 02-703-2219 **이메일** dasanbooks@dasanbooks.com
홈페이지 www.dasanbooks.com **블로그** blog.naver.com/dasan_books
종이 (주)한솔피앤에스 **출력 · 인쇄** (주)민언프린텍

ISBN 979-11-306-1923-1 (03320)

다산북스(DASANBOOKS)는 독자 여러분의 책에 관한 아이디어와 원고 투고를 기쁜 마음으로 기다리고 있습니다.
책 출간을 원하는 아이디어가 있으신 분은 이메일 dasanbooks@dasanbooks.com 또는 다산북스 홈페이지
'투고원고'란으로 간단한 개요와 취지, 연락처 등을 보내주세요. 머뭇거리지 말고 문을 두드리세요.